Aurélienne Dauguet

L´Illusionniste

ou

d´aimer et de mourir

Aurélienne Dauguet

L´Illusionniste

ou

d´aimer et de mourir

ÉDITION MERANO

Conception de la couverture, illustration: Aurélienne Dauguet

Informations bibliographiques de la Bibliothèque nationale allemande:

La Bibliothèque nationale allemande répertorie cette publication dans la Bibliographie nationale allemande; des données bibliographiques détaillées sont disponibles sur Internet à l'adresse http://dnb.dnb.de.

Production: BoD - Books on Demand, Norderstedt

© Merano-Verlag, Kipfenberg, Allemagne

Bibliografische Information der Deutschen National-bibliothek:

Die Deutsche Nationalbibliothek verzeichnet diese Publikation in der Deutschen Nationalbibliografie; detaillierte bibliografische Daten sind im Internet über http://dnb.dnb.de abrufbar.

Herstellung: BoD - Books on Demand, Norderstedt

ISBN: 978-3-944700-20-5 (livre de poche)

ISBN: 978-3-944700-50-2 (livre électronique)

Table des matières

L´ILLUSIONNISTE

OU

D'AIMER ET DE MOURIR

Préambule

Les dimensions de la réalité évoluent avec le désir d'explorer de nouvelles priorités afin de s´ajuster au courant transformatif. Alors que tout semble possible, il devient évident que tout n´est pas accessible ici et maintenant. Beaucoup de choses sont dépassées, mais parfois le nouveau n'a encore aucune forme, même dans l'imagination. Parallèlement, cette situation entraîne une légère confusion et une ouverture exceptionnelle à tout ce qui peut offrir de nouvelles perspectives.

Et il se peut donc, qu'à chaque instant, une situation surgisse à l'improviste qui semble résoudre tous les doutes et les incertitudes du monde. Les questions reçoivent une réponse avant même d'avoir été posées et les désirs non satisfaits sont libérés. Il existe des solutions à des problèmes qui n'existaient même pas. Des solutions qui n'ont jamais été intentionnées ni recherchées.

Le Maya, le monde de l´illusion en soi, s'effondre. Cela s'inscrit dans le cadre de la forte volonté de l'humanité de créer une nouvelle réalité parce que l'ancienne n'est pas humaine.

Chacun souhaite quelque chose d´autre que ce qu'il a ou de ce qu'il est. Les nombreux souhaits, projets, objectifs et délocalisations géographiques aspirent à un nouveau commencement avec davantage d'épanouissement, de liberté, d'espace et d'horizon que ce qui est actuellement disponible.

L'homme a découvert qu'il a des droits et des revendications et qu'il peut être heureux ou même devrait l'être. Cependant, l'intention n'est pas encore définie, la mise en œuvre n'est pas claire, mais l'effort est d'autant plus intense. Où dois-je me rendre ? Comment et avec qui? Même les rêves que vous ne vous autorisez pas prolongent vos désirs. Ceux qui sont encore enfouis dans le subconscient et pour qui les mots justes n'ont pas encore été trouvés. Avec leurs contours fantomatiques et inconscients, ils peignent leurs images naïves sur les murs des grandes villes et sont emportés par les passants vulnérables jusqu'à leur intimité la plus privée.

Dans cette atmosphère, il est facile d'entrer dans une situation fascinante, où de fausses opportunités se glissent dans vos vies. Comme la publicité dont vous n´avez pas besoin, l'enquête inutile, le cadeau insensé et indésiré qui vous surprend à chaque coin de rue. Ils sont prometteurs et aveuglent le client. Ils ne peuvent pas tenir parole car leurs contenus sont vides. Ils sont basés sur l'illusion et se composent de la mousse de désirs brumeux et addictifs. Derrière le voile éblouissant de leur miracle se cachent la tromperie et les motifs inférieurs.

Vous êtes donc prévenu. Maintenant, tenez bon et restez clair sur vos intentions et vos priorités. Restez fidèle à vous-même quoi qu'il arrive. Et suivez votre cœur avant d'être dupé. Rappelez-vous toujours vos valeurs humaines et vos intentions les plus nobles.

Bienvenue dans le « faux monde » de l'éblouissement. Votre carte est prête pour vos intentions de voyage éthiques et vous m'accompagnez en Normandie.

C'est là que je me rends assez spontanément. Je suis dans cette phase légèrement confuse. Un peu désorientée mais pleine d'énergie et d'entrain. Je m´apprête à partir rapidement même si je n´en comprends pas le pourquoi.

Une décision spontanée

Mes motivations. Le voyage. L'arrivée. L'état de mon père.

Je ressens le fort besoin d'interagir avec une personne spirituelle. Pleine d´enthousiasme, j'appelle Pierre-François. Immédiatement et sans hésitation, il répond que je peux venir à tout moment puisqu'il est maintenant à la retraite. Quand je lui demande de me réserver une chambre dans le village où j'ai séjourné lors de ma dernière visite, il m'assure que je peux avoir ma propre chambre chez lui. Tout va bien.

Même si les motifs plus profonds de ma visite chez Pierre-François ne sont pas clairs, j'ai quelques souhaits: par exemple, une clarification de mon chemin dans les années à venir, plus de clarté dans ma vision et plus de différenciation dans le choix des divers talents et opportunités que la vie m´offre. Je suis actuellement dans une phase de transformation majeure. La transformation qui devrait s´étendre sur plusieurs années m'a été annoncée dès la fin des 21 jours du processus de la nourriture pranique (Voir mon livre « Nourriture lumineuse – Ma nouvelle vie avec le pranisme »). Par exemple, je voudrais savoir: «Y a-t-il des étapes préliminaires que je pourrais entreprendre dès maintenant?» c´est le genre de question que je souhaite lui poser. J'aimerais aussi avoir un ou deux enseignements avec Pierre-François et peut-être même un soin, éventuellement une excursion dans un lieu énergétique.

Je suis inventive, j'ai toujours 1000 idées, inspirations, projets ou suggestions.

Pierre-François avait balbutié quelque chose quand j'ai mentionné que je ne savais pas exactement le pourquoi de ma visite. Mais acoustiquement, je n'ai pas entendu ce qu'il murmurait. Peut-être avait-il une idée sur la motivation en arrière-plan de ma décision, d'un nouveau développement ou d'une nouvelle technique dont il voulait me faire part, pensais-je rêveusement.

J´ai fait sa connaissance pour la première fois il y à environ 12 ans, en tant qu'auteur à travers l'un de ses livres. Je l'ai contacté et j'ai découvert d´avantage de ses écrits. Je dirais qu'ils ont élargi mon horizon. Ils ont confirmé, approfondi et enrichi mes connaissances et mon travail dans le domaine spirituel. L'implémentation pratique et concrète de méthodes subtiles par Pierre-François m'a le plus impressionné. En outre, il possède un large éventail de connaissances parmi lesquelles il est capable d'établir des relations particulières.

Je lui ai rendu visite il y a trois ans, mais la plupart de nos contacts se font par écrit et par téléphone plusieurs fois par an. Il est toujours concis, mais très concentré, clair et ciblé dans ses propos. La plupart du temps, j´ai l'impression que nos échanges sont équilibrés. Malgré une certaine froideur de sa part, je ressens toujours de la compassion et de la gentillesse. Cependant, il paraît entretenir une certaine distance entre lui et autrui et entre lui-même et les événements. J'apprécie et j´ai confiance en sa manière professionnelle et à sa sagesse personnelle.

Le voyage se déroule normalement et comme prévu. Le contrôle et l'appareil moderne de scanning ou « radiographie » à l'aéroport m'énervent. Le progrès électronique vient de faire émerger un appareil qui pénètre et bombarde tout le corps y compris les couches subtiles de l´aura, avec des rayons pathogènes.

Comment peut-on être si naïf et ignorer que l´accumulation du rayonnement électromagnétique contribue aux causes de maladies physiques et mentales? Tout simplement parce que l´on ne peut pas les voir pas les voir à l'œil nu ? Ces fréquences sont mesurables scientifiquement ainsi qu´autrement et surtout elles sont perceptibles. En théorie, on pourrait s'attendre à ce que les fabricants sachent exactement ce qu'ils font, n'est-ce-pas? Qui est responsable ? Qui se cache derrière les grandes entreprises qui fabriquent ces appareils? Je voudrais des réponses et des noms clairement énoncés et sans ambiguïté au lieu des divagations habituelles qui affirment: «Tout est absolument sûr et seulement en si petites quantités de toute façon » D'innombrables inutiles, soi-disant « petites » quantités », s'accumulent à la longue à une surdose de plus en plus néfaste. «Une très petite quantité d'intelligence» est nécessaire pour observer comment les rayonnements affectent non seulement la santé mais aussi la qualité de vie des personnes, des animaux et des plantes. Il n'est pas nécessaire d'être un «expert», mais il s'agit d'être capable de créer des connexions. Surtout, vous avez besoin de courage pour voir au travers des mensonges et admettre la vérité. Ce sujet inclut également la tromperie, ainsi que le mensonge arbitraire, l'ignorance et l'art de refouler. Mais surtout, le bombardement omniprésent, l'avidité et l'appât des grosses ventes.

Le fait est que je ne veux pas passer devant le super scanner. Les employés (qui passent toute la journée entourés) de ces rayons) peuvent sortir leur ancien appareil portatif du tiroir. Un contrôleur debout fait une remarque désobligeante à mon refus. On peut voir que mon comportement le dérange.

Cette fois, je ne suis pas testée pour les « traces d'explosifs » comme durant les deux derniers contrôles à l'aéroport. Oui, vous avez bien lu. Je n'ai pu m'empêcher de rire à haute voix!

J'adore mélanger les huiles essentielles dans ma salle de bain, préparer des essences florales, lubrifier mon corps avec des huiles naturelles, mais je confirme n'avoir rien à faire avec les explosifs. Néanmoins, tout le monde est supposé être de mauvaise foi. Tout le monde est soupçonné avoir des motifs suspects. Craignez vos voisins comme vous-même et surtout assurez-vous de ne pas développer une pensée indépendante. Ainsi l´on attise le négatif chez les gens au lieu de leur rappeler qu'ils sont les gardiens de la terre et que la solidarité et la confiance sont essentielles pour une vie sociale saine. Au lieu de rappeler à l´être, en tant qu´être humain, qu´il est un être de lumière, on lui fait peur, on le menace, on l´irrite et surtout on le rend et on le garde petit.

Vous êtes en fait aussi petit que vous vous rapetissez vous-même. Entretemps, j'ai découvert que vous pouvez demander un soi-disant «contrôle alternatif» à l'aéroport. Le contrôle à la main n'est pas beaucoup mieux, mais il donne peut-être ici ou là une impulsion, une considération, en ce sens que la routine effectuée habituellement comme télécommandée, est interrompue par une courte pause et peut être même un moment pour réfléchir.

Pendant le vol j'ajoute à la liste des sujets que j'aimerais discuter avec Pierre-François. Je suis très heureuse de communiquer avec une personne spirituelle de thèmes personnels et des courants d´évolution dans le monde.

Je voudrais mentionner que j'ai réservé le vol le moins cher. Mais cela présente l'inconvénient de devoir passer une semaine entière en Normandie, ce qui est inhabituellement long pour moi. Mes visites sont toujours courtes et succinctes. Ce séjour sera donc exceptionnellement long, à savoir une semaine entière. Qui sait à quoi cela servira ?

Le soir de mon arrivée, je loge dans une maison d'hôtes à Rouen car il n'y a plus de correspondance avec le village, où Pierre-François viendra me chercher demain à la gare.

Consciencieusement et comme convenu, j'écris un message le soir même pour annoncer mon heure d'arrivée exacte. Alors de légers doutes surgissent en moi: « Va-t-il lire le SMS à temps? » Si, si je pense qu'il en fera ainsi, même s'il n'y répond jamais. Une fois, nous avions convenu que je pouvais le contacter si j'avais sérieusement besoin d'aide ou si je tombais malade. Je devrais donc lui faire confiance. Ou devrais-je plutôt lui téléphoner? Je pèse les deux aspects et finalement je laisse tomber mes fluctuations.

Cependant, une humeur surprenante surgit en moi. Dois-je anticiper la semaine avec impatience? Il y a une certaine incertitude dans l'air. Mais avec une personne spirituelle comme Pierre-François, l'échange ne peut qu'être enrichissant, me dis-je. Sinon, je peux me promener dans la nature - sa maison est isolée dans un hameau - traduire mon livre ou lui emprunter quelques livres, car je me souviens qu'il possède une grande bibliothèque.

Quand j´arrive par le train, personne ne m´attend. C'est un petit village de Normandie et la gare est en dehors du centre. Je freine d'abord mon impatience et j'attends. Il n'y a pas de bus qui dessert le hameau où habite Pierre-François.

Il fait très chaud et ensoleillé, ce qui est inhabituel pour cette région. Elle est plutôt connue pour son ciel couvert, son vent, ses nuages gris et sa pluie. Je suis donc habillée en conséquence avec une veste imperméable épaisse et chaude et des chaussures de randonnée. J'insiste à être prête pour tous les types de temps ainsi de n'avoir jamais à me passer d'une excursion pour la simple raison que je n´ai pas les vêtements adaptés avec moi. Mais c'est un vieux cliché. Avec le changement climatique, la région est devenue beaucoup plus ensoleillée. C'est une surprise pour moi dans ce coin que je connais bien depuis mon enfance: cependant le temps est et restera inhabituellement chaud toute la semaine. Je dois donc m'adapter. Je m'attendais à des températures différentes. Ce n'est pas grave. Cependant, ce fait jette un leitmotiv intéressant, comparable à une toile d'araignée, sur les événements de la semaine à venir. Cela annonce l'inattendu.

En patientant, je pense à mon père qui se meurt. Son départ dure déjà depuis quelque temps. Il a la maladie d'Alzheimer depuis des années. J'ai du mal à le joindre télépathiquement pendant la lente dégradation physique, éthérique et astrale. En ce moment, dans cette phase de détachement du niveau corporel, j'essaie tout d´abord de lui donner du courage, de la force et de l'amour. Surtout, il a besoin de sécurité. Je veux qu'il sente soutenu dans les bras de l´univers et qu´il reçoive tout ce dont il a besoin sur son chemin vers l'au-delà. Je lui parle et le tiens doucement et tendrement dans mes bras, mais en même temps avec force, protection et sécurité. La présence discrète, l'accompagnement, qui permettent à la fois la liberté et l'autodétermination, sont ce qui lui convient. Je suis là, tu n'es pas seul, tous t´entourent qui t´aiment ceux d´ici-bas et ceux de l'au-delà. Toujours et surtout maintenant durant ces étapes importantes. Je n'ai pas l'impression que mon père perçoit ma présence subtile. Cela me rend un peu triste. Cependant, je sais qu'il est essentiel de continuer à lui apporter confort et confiance.

Je pense à toutes les personnes que j'ai accompagnées avant, pendant et après le décès: ma mère en particulier, les nombreux patients et les nombreuses personnes qui m'ont rendu visite brièvement mais si lucidement en quittant la dimension terrestre, par exemple, ma grand-mère, mon ancien médecin de famille, etc.

Je suis plongée dans mes pensées. Le soleil me réchauffe agréablement, le temps passe, mais personne n'apparaît sur la place de la gare. J'appelle Pierre-François sur sa ligne fixe. En fait, il n'utilise son téléphone portable que pour faire des appels rares. Ce ne serait pas du tout favorable dans une situation d'urgence où j'aurais besoin de son aide de toute urgence. Pourquoi était-il d'accord quand j'ai fait la suggestion de lui envoyer un sms pour lui demander de l'aide dans une situation grave? Il aurait pu refuser et me dire la vérité, qu'il ne lit jamais les sms.

J'avais précisé que j'annoncerais mon heure d'arrivée dès la veille à Rouen. « Arrête avec ta précision, ta fiabilité, tes explications et tes raisons détaillées » me murmure ma voix intérieure. Je suis un peu têtue et exacte ? Nous sommes désormais au pays de la spontanéité, de la flexibilité, « Oui, oui comme vous voulez ». Je dois m'adapter non seulement à la météo inhabituelle, mais aussi aux mœurs locales.

Je suis maintenant assise sur un muret pour avoir un aperçu. Je ne vois personne même au loin. Des images de ma première visite me viennent à l'esprit. À cette époque, Pierre-François m'avait fait une impression très masculine et dynamique. « C'est normal », pensais-je. « Il a également le signe de feu très prononcé dans son horoscope. Tout comme moi ». Lors de notre première rencontre, j'ai étrangement eu l'idée que nous avions ou que nous aurions une relation passionnée.

En réalité, ce n'était pas du tout pas le cas. Par contre, il était très professionnel et très concentré, comme ses écrits. Ce que j'ai particulièrement apprécié. En tant qu'enseignant, il était bon mais très dogmatique et ne faisait essentiellement que lire ses notes. J'aime enseigner avec beaucoup d'échanges et d'ajouts. Pour moi, l'enseignement est comme un voyage de découverte qui éveille, rend curieux et offre toujours des moments forts. Je ne veux pas seulement partager des faits, j'aime proposer des exemples, des idées, des événements actuels et des histoires vécues. J'apprécie l'enseignement animé avec passion, pas seulement de la nourriture pour l'intellect.

Je suis enfin contente quand Pierre-François arrive sur la place de la gare pour enfin venir me chercher.

PREMIER JOUR

La maison et le jardin. Sa fille Véronique. Les mariages malheureux. Ma « propre chambre ». Le propriétaire foncier.

J'ai tout de suite reconnu son aura et celle de sa voiture. Je saute directement du mur, j´emporte mon pull, ma veste et ma valise pour le rencontrer, la main tendue. Il prend aussitôt ma main mais la tire vers lui pour m´embrasser sur la joue. La dernière fois, nous nous sommes serrés la main. « Allez, décontracte-toi et sois plus flexible maintenant », me dis-je doucement. Je constate que je ne suis pas encore arrivée en France. Je suis un peu trop raide, têtue, polie et correcte. Cette attitude m´est propre et elle est plutôt appréciée dans les pays germanophones où je vis et où je suis constamment en déplacement. Là-bas, on a besoin d'un peu de temps pour se rapprocher. Apparemment, je dois m´adapter au mode français dès que possible.

En route vers sa maison, j'explique à mon hôte que je suis pranique depuis 18 mois. Je ne mange pas de nourriture solide mais je prends encore des liquides (eau, thé, café avec du miel au besoin). Puis nous échangeons des propos légers sur des petites choses du quotidien.

A notre arrivée, sa voisine a besoin brièvement de son aide. J'attends près de la voiture et je jette un coup d´œil dans le jardin. Tout est négligé. Une humeur grisâtre distinctement perceptible m'enveloppe. Il y a trois ans, c'était le début de l'été mais il pleuvait, donc j´ai à peine remarqué le jardin. Maintenant, je découvre qu´il est immense et qu´il borde une forêt et une prairie.

Je suis Pierre-François dans la maison. Immédiatement, une atmosphère dépressive m´accable. Je me retourne et je regarde à nouveau dehors où le soleil brille. Cependant le chagrin et la résignation pèsent lourd dans la maison.

Par contre, mon hôte est très enjoué et communicatif. Il explique que sa fille habite là également à l'arrière de la maison. Chacun pour soi, mais il y a une porte dans la cuisine qui relie les deux appartements et qui favorise les visites et les échanges plusieurs fois par jour. Il me fait part de ses projets pour les prochaines journées et il m´assurance que je peux rester aussi longtemps que je le souhaite. Il y a seulement un jour où il est occupé par son programme. Sinon, il est à la retraite et il a beaucoup de temps. J'en suis reconnaissante.

Peu de temps après, sa fille Véronique entre dans la cuisine par la porte adjacente. Elle informe son père des dernières nouvelles de la famille. Elle l´informe qu'elle héberge un jeune homme qui a été « mis à la porte » de la clinique psychiatrique.

Il partage l'appartement de Véronique avec ses deux enfants. C'est le neveu d'un ami proche. Elle est altruiste et elle a beaucoup de compassion, ce qui est admirable. Cependant, j'imagine que vivre ensemble avec cette personne et les deux enfants n'est pas entièrement sans problème. J'ai confiance en Pierre-François pour garder une vue d'ensemble et j´espère qu'il pourra le soigner ou au moins l´aider. Je ressens également une certaine curiosité de la part de Véronique. Elle veut savoir quel genre de femme est dans la maison. Elle me fait une impression sympathique, mais très accablée par le destin.

Je me tiens en arrière-plan et je laisse les deux parler. La maison est négligée à l'intérieur comme à l'extérieur. Le poids est encore plus dense dans la maison que dans le jardin. Cela me déprime d'autant plus. J'ai des antennes qui m'informent directement de l´atmosphère et des énergies présentes. Les soucis et les désirs quotidiens y sont superposés couche sur couche depuis des années. J'entends des arguments et des accusations, le tout est étouffé et étouffant. Cette capacité à scanner les humeurs dans les pièces fait partie de ma voyance mais aussi de mon parcours professionnel. Alors que j´étais infirmière responsable d´un service, je pouvais immédiatement déterminer le rythme du travail, s´il était soigné, positif et ponctuel, si une urgence s'était produite, s'il y avait un retard important ou un manque de personnel, etc.

Une densité écrasante plane sur la maison de Pierre-François. Plus précisément, cela ressemble à une dépression que quelqu'un est partiellement capable de contrôler. Il se fait des soins, je suppose, parce qu'il a des capacités de guérison et il a écrit plusieurs ouvrages sur différentes méthodes de travail énergétique. Des pièces de monnaie et des timbres ainsi que des albums et de la littérature à ce sujet reposent sur la table en bois. La bibliothèque de l'autre côté du salon est bien ordonnée et de nombreux albums de collecteur sont triés sur les étagères d'après l'ordre alphabétique. Les autres objets sont anciens, négligés, parfois même très sales. Des habitudes quotidiennes, qui se répètent automatiquement au fil des ans, remplissent la grande pièce. Les objets qui accumulent une sorte de patine émotionnelle à chaque mouvement, à chaque geste répété sont des témoins de l'atmosphère selon que la personne utilise l'objet avec joie, gratitude, pensées altruistes ou bien si elle le prend en main avec frustration, égoïsme et de manière inconsciente. Nos pensées, nos sentiments et nos actions, notre attitude laissent des traces énergétiques, qui se déposent dans l'éther, sur les murs, dans les pièces d'habitation ou autre, dans les bâtiments et qui sont conservées aussi longtemps que l'endroit existe. Même s'ils sont détruits, la vibration dans l'éther persiste à cet emplacement. Cette savoir ne nous rend-elle pas plus prudents face à notre environnement?

Pierre-François vit dans cette maison depuis trente-cinq ans, comme je l'apprendrai plus tard. La vie quotidienne se déroule ici avec différentes partenaires pendant trois décennies. Les relations particulièrement difficiles sont les plus longues. Ce genre de persistance m'est étranger. J'ai beaucoup déménagé, d'un pays à l'autre, et je me suis régulièrement séparée d'objets. À travers ces changements fréquents, un minimalisme matériel s'est installé dans ma vie, car je suis souvent poussée par l'envie de faire un nouveau départ encore et encore.

La stabilité de Pierre-François est bénéfique à sa créativité et à la productivité qu'il a développées au fil des ans. Cela lui a profité grâce aux livres et aux brochures qu'il a écrits et grâce à son travail actif en tant qu'enseignant. D'un autre côté, les énergies accumulées de cette maison témoignent de la longue souffrance privée qui a imprégné ses différents mariages.

Immédiatement après mon arrivée et suivant le premier tour du grand jardin négligé, il commence à me parler de ses mariages insatisfaisants. Les femmes étaient problématiques, dit-il. Il partage également des détails intimes sur ces femmes, ce que je n'apprécie pas du tout. Même si j'accepte d'écouter les histoires de sa vie privée, je ne me sens pas si proche pour apprendre les préférences personnelles ou les difficultés de tiers, à savoir de ses ex-femmes. Ce n'est pas non plus le bon moment: je viens juste d'arriver et nous ne nous connaissons que par le travail spirituel et ésotérique. Notre relation est purement professionnelle et je suis étonnée de la façon dont mon hôte se livre. J'ai un certain respect pour ces femmes, même si je ne les connais pas, par dignité personnelle et par solidarité féminine. Je n'apprécierais pas qu'un ancien amant divulgue des détails sur mon comportement sexuel.

Pierre-François a beaucoup à raconter, car ses relations se succèdent sans interruption depuis des décennies. Les rapports interpersonnels sont lourds en regrets; cependant, je ne ressens aucune émotion en lui. Bien qu'il trouve les mots adéquats pour décrire les lacunes de ses partenaires, il n'a lui-même que peu de relation avec son vécu émotionnel et il omet complètement de se remettre en question. Les trente années de vie conjugale avec deux femmes différentes ont été « un énorme désastre », dit-il. Il ne considère aucunement sa contribution à situation.

Il n'a connu l'amour véritable qu'avec la femme de ses rêves et ceci durant les sept dernières années. Malheureusement, Bella est décédé d'une maladie chronique il y a trois ans. « Pour moi, elle est et reste la plus belle femme du monde! » dit-il à plusieurs reprises. Mais Bella était sa belle-sœur, ce qui a déclenché un certain nombre de conflits avec sa dernière épouse. Pierre-François se confie également sur sa relation avec sa mère. De toute évidence, il est l'enfant préféré de sa mère et il semble avoir un rapport très prononcée noir ou blanc avec les femmes.

Bien que je sois surprise qu'il m'informe de sa situation privée dès le début, je tiens compte du fait qu'il a traversé beaucoup d'évènements et qu'il ressent encore le chagrin du deuil. J'écoute donc avec respect, attention et compassion. Je suis attentive aux personnes et à leur besoin de s'exprimer. Partout, toujours et dans des circonstances variées, je suis régulièrement amenée à assumer immédiatement le rôle de thérapeute ou du moins de confidente celle à qui l'on peut tout dire. J'ai endossé ce rôle dès l´enfance d´abord avec ma mère. Bien sûr, inconsciemment.

Cependant, je suis perplexe de me retrouver dans une telle position d´écoute et même de celle à qui l´on confie des détails très privés, et ceci dès mon arrivée. Ce qui me manque, c'est la transition entre ma position d'étudiante ou de lectrice de ses ouvrages, peut-être de collègue comme je me considérais jusque-là, à celle d´une proche comme une sœur, une amie ou une connaissance intime. Visiblement, j'ai raté quelque chose parce que, jusqu´à maintenant nous avons cultivé une relation professionnelle amicale mais distante et sans équivoque. Je me moque de moi-même: « Non seulement tu es la thérapeute des thérapeutes chez toi, mais aussi en déplacement où tu es à peine connue. » La compassion et surtout la compréhension me donnent accès au désespoir de mon hôte. Il ne s'agit pas d'une douleur intense de l'âme, mais d'un long refoulement de la charge émotionnelle accumulée au long des années, dans laquelle il exclut son aspect ombreux. Trente ans de malheur conjugal. Et puis, selon son rapport, il jouit enfin d'une relation parfaite avec Bella, qui se termine dramatiquement. C'est pourquoi je lui offre toute ma sympathie. Son récit se déroule longuement et presque sans interruption. Plus tard, le sujet change et il me montre ses trésors.

Pierre-François explique qu'il est un collectionneur passionné et qu'il aime visiter les brocantes partout dans la région et il a même un stand au marché du dimanche. « Mon père était aussi un grand collectionneur », je mentionne en passant. « Eh bien, tu es déjà habituée aux habitudes des collectionneurs. » « Une bonne chose… », semble-t-il murmurer, à moitié pour lui, à moitié adressé à moi. Il me montre ses différentes collections. En même temps, je visualise les précieux livres, magazines et objets ethnologiques que mon père avait rassemblés au fil des décennies. Il avait une si grande collection qu'il remplissait une longue maison qui ressemblait à des cottages anglais côte à côte. La tendance de mon père à tout collectionner a mal tourné à un certain moment donné et elle est devenue une habitude désordonnée de « messy » Alors il a commencé à tout garder et les objets et les détritus de s'empiler jusqu'à ce que la maison soit pratiquement pleine de déchets, de bouteilles vides, etc.

Il existe encore quelques similitudes entre mon père et Pierre-François: à part les objets de collection très appréciés et ordonnés, tout le reste fait plutôt preuve de désordre et de négligence. Ce qui est nécessaire quotidiennement est vieux et encore utilisé malgré son mauvais état. À l'intérieur et à l'extérieur, la maison et le jardin sont délaissés, en désordonné et crasseux. Un sentiment d'abandon, de stagnation, de tristesse et de manque de soin plane dans l'air. Un tel environnement me remplit de regret, car je vois le grand potentiel qui se développerait si le lieu et les pièces pouvaient être nettoyés, ancré énergétiquement et entretenus matériellement et spirituellement. Je m'en occuperais avec attention et appréciation jusqu'à ce qu'ils se remplissent à nouveau d'amour et de vitalité. Ce serait la première chose à faire avant que la maison ne soit rénovée et modernisée et que le jardin soit nouvellement créé. J'imagine donc ce qui pourrait être reconstruit, réparé et entretenu ici afin de faire revivre le potentiel inutilisé, afin que la maison et l'immense jardin environnant puissent être ravivés dans leur splendeur et leur joyeuse abondance. Cependant, c'est une idée qui a son origine dans mon envie de rendre tout le monde beau, harmonieux et protégé et soigné, parce que je suis une guérisseuse par essence, mais certainement pas parce que j'ai envie de m'installer ici et d'assumer cette tâche monumentale. Je visualise également avec mon imagination la nature florissante et bien entretenue qui s'épanouirait dans ce jardin et comment je transformerais la décoration intérieure en un lieu de bon goût, d'esthétique de créativité, de sécurité.

En revanche, les pièces reflètent un le désespoir intérieur et réel de ses habitants. Pierre-François ne l'admet pas ouvertement. Il le dissimule avec une contenance de gaieté et d'optimisme. Il essaie de me faire une bonne impression.

Comme le soleil brille à l'extérieur, j'utilise une petite pause dans l'histoire de Pierre-François pour me rendre dans le jardin et jouer avec les chats. C'est une évasion, une évasion de son verbiage mais surtout de l'énergie déprimante de la maison. Je suis habillée trop chaudement, mais bientôt le soleil disparait et puis l'air va se refroidit considérablement.

Quand je rentre dans la maison, il continue son histoire. Au bout d'un moment, je l'interromps pour qu'il me montre ma « propre chambre ». L'endroit est incroyablement sale, poussiéreux, bourré de différentes choses qui ont été mises de côté. Le matelas mince est recouvert d'un drap. Je doute fort qu´il soit propre, mais je demande d'abord le linge de lit, des draps et des couvertures. Mon hôte reste figé là. Il réfléchit, il semble incapable de bouger ou légèrement confus, je ne sais pas exactement. « Tu m´avais dit au téléphone que tu as tout ce dont on a besoin ici. C'est pourquoi je n'ai rien apporté de chez moi », dis-je enfin pour stimuler une réaction de sa part. Cependant, il lui faut quelques minutes pour qu´il revienne avec un sac de couchage et pour finalement trouver une couverture.

Au dîner, je m'assois à table avec lui et je sirote du miel. Il parle également de sa vie personnelle avec de nombreux détails privés. Comme je l'ai dit, je n'étais pas prête à ce que mon séjour devienne une séance individuelle et permanente. J´ écoute volontiers et je ressens sa solitude, son chagrin et le besoin de se libérer des souffrances qui se sont accumulées au fil des années. Je soupçonne qu'il a guéri les autres tout au long de sa vie et qu´il a gardé sa propre souffrance pour lui. C´est l´impression que j´en reçois. Et maintenant, il a trouvé quelqu'un en qui il a confiance. Est-ce tout ou se cache-t-il encore autre chose derrière cela? Je sais seulement que je suis étonné et que je ne m'attendais pas à un tel accueil, mais plutôt à une relation élève-enseignant, comme c´était le cas lors de ma dernière visite.

Après le dîner et avant la tombée de la nuit, il propose de faire une promenade dans ce hameau isolé avec seulement quelques maisons. L'air frais et le mouvement me font du bien.

Notre marche est rapide mais nous pouvons profiter de l'ambiance du crépuscule. Il me montre de nombreux champs qui lui appartiennent, certains avec permis de construire: «Et cette prairie là-bas est aussi la mienne. Ainsi que cette bande de terre qui s'étend jusqu'au prochain village ». D´après ce qu´il me montre, il semble être un assez grand propriétaire foncier.

Quand nous rentrons à la maison, j'annonce très tôt que je veux me retirer. « Il vaut mieux ne pas fermer la porte de la chambre, sinon le chat va gratter jusqu'à ce que tu te réveilles », dit-il alors que je monte les escaliers en bois. Sa chambre fait face à ma « propre chambre ».

« Étrange », je pense en mon fort intérieur. Et j´ai besoin de temps pour m´endormir.

DEUXIÈME JOUR

La nouvelle situation. Les mariages et la merveilleuse relation. Le jeune schizophrène. Ma liste de questions. Alice au pays des merveilles. La soirée dansante.

Je dors plus longtemps que mon sommeil pranique habituel. J'étais fatigué du voyage, mais je réalise aussi que je dois « digérer » et gérer la situation présente. Des changements de ma part sont nécessaires de toute urgence ici: non seulement en termes de météorologie ou de l'accueil, mais il semble qu´une mise à jour de mon rôle dans cette relation doit être effectuée avec beaucoup de clarté. Toutefois, je ne sais toujours pas comment définir cette relation actuelle. Dans de telles situations, j'ai besoin d'avantage de sommeil pour traiter et assimiler ce qui se passe dans cet état de conscience plus profond. Je me rends compte que je ne suis pas encore prête. Je ne suis pas en état de saisir exactement ce qui se passe dans cette maison.

Je médite pour approfondir mon évaluation et ma compréhension de la situation. En fait, je vois qu'il s'agit maintenant de découvrir un autre aspect de Pierre-François. Il faut donc repenser mon comportement et ma perspective. Je vois aussi qu'il y a une surprise pour moi et cela révèle quelque chose que je ne soupçonnais pas. Mais de quoi s'agit-il précisément ?

Pour le moment je suis toutefois légèrement confuse et je prévois de maintenir mes priorités, à savoir mes exercices quotidiens, mon travail régulier sous la forme du soutien à distance pour mes clients, mes lectures et ma nutrition pranique ainsi que la propreté, les soins et le nettoyage de mon corps. La bibliothèque privée de mon hôte m'intéresse grandement. Je vais l'examiner et me concentrer sur la lecture. Il est évident que j'essaie de me centrer et de poser mes priorités sur mes besoins holistiques.

Surtout, je veille à ce que la façon imprévisible de Pierre-François ne m'éloigne pas de mon concept. Sa compréhension des limites et des démarcations me semble assez vague. En d'autres termes, je ne vois pas de ligne claire dans ses rapports avec moi-même. Suis-je sa thérapeute? Suis-je une amie proche à qui il confie sa vie privée? Qui suis-je pour lui ? Pour ma part, je me vois dans le rôle d'une étudiante, d'une enseignante et d'une auteure qui apprécierait des échanges et des explications énergétiques et spirituelles.

Quand je suis prête, je descends les escaliers, je le salue amicalement mais avec une certaine réticence. Ensuite, je me fais un café.

« As-tu bien dormi? » demande-t-il. Avant même que je puisse formuler une réponse, il décrit les énergies particulièrement bonnes de la maison.

« Oui, certaines choses sont très belles, d'autant plus que c'est très calme ici, car il n'y a pas de circulation près de la maison », j'avoue.

Je garde pour moi le fait que la saleté me dérange vraiment et que je ne pouvais résister d´aérer la pièce comme il faut avant de m´endormir. Mais bon, la nuit a été paisible - bien que les portes respectives de nos chambres soient restées ouvertes toute la nuit.

Pierre-François est déjà assis à table et range ses pièces de monnaie et ses timbres. Il est généralement assis là avec ces activités dès qu'il se lève le matin et immédiatement lorsque nous rentrons chez lui après les commissions ou en rentrant d´ une excursion. Il donne l´impression d´être enchaîné à la table et à ce rôle de collectionneur de pièces et de timbres.

Il m'explique ce qu'il a prévu pour cette semaine: ce soir nous irons danser, demain nous rendrons visite à une amie et nous irons dans une ville un peu plus importante, où nous visiterons également un restaurant et ainsi de suite.

En outre, il aimerait me faire un grand compliment car j´ai fait tout de suite une excellente impression sur sa fille. Elle m´a trouvée tout de suite sympathique. Véronique aurait même trouvé que je ferais une bonne compagne pour lui. « C´est une femme comme elle qu´ il te faut » aurait-elle dit littéralement. Mais je ne prends pas cela au sérieux.

Aujourd'hui, Pierre-François reçoit son fils au déjeuné. Leur appréciation mutuelle est clairement perceptible et ils s´entretiennent de manière joyeuse et vivante.

Entre-temps, mon regard s'égare par la fenêtre et je vois un jeune homme plutôt dérangé qui marche très nerveusement dans le jardin et avec des marches surdimensionnées. Je suppose que c'est M., le jeune schizophrène, qui partage l´appartement de Véronique.

Je ne le vois que de dos, mais je remarque immédiatement que son aura est remplie d´ entités. Je suppose que Pierre-François connaît l'état du jeune homme, qu´il va s'occuper de lui et qu'il donne des conseils avisés à sa fille. La situation me semble plutôt dangereuse. Je perçois les énergies qui n´appartiennent pas aux personnes et qui les habitent énergétiquement, j'ai une formation professionnelle et j'ai été infirmière psychiatrique pendant 10 ans.

Pierre-François et moi passons l'après-midi ensemble. Il continue de parler de la femme de ses rêves et de ce qu'ils ont vécu ensemble. Il rend également compte des nombreuses professions qu'il a exercées au cours de sa vie. En effet, il a un esprit vif et semble être capable d'exécuter des rôles et des tâches très différentes. C'est une personne intéressante, mais il me semble de moins en moins fiable. Maintenant, il est de toute façon à la retraite et il a abandonné toutes ses activités spirituelles. Il est déjà arrivé que des personnes qui le connaissaient soient étonnées, de le côtoyer dans un certain rôle et de découvrir soudain un aspect complètement différent de lui. Parfois, ils seraient même un peu déboussolés de voir sa personnalité se révéler sous un tout autre aspect. « Eh bien » je pense, « Cela s'applique probablement aussi à moi. Je me rends chez quelqu'un que je connais à distance depuis 12 ans dans un contexte particulier et découvre une personne qui ne veut vraiment rien avoir à faire avec la spiritualité ou des sujets plus profonds » C'est véritablement une surprise pour moi parce que ces sujets sont effectivement la raison et le motif de mon voyage.

Pierre-François continue à s'épancher sur la relation la plus merveilleuse qu'il n'ait jamais eue avec la partenaire décédée il y a trois ans. Aujourd'hui non plus, il n'épargne pas les détails intimes. J'essaie de montrer discrètement que non seulement je n'aime pas cela, mais que je ne veux pas m'impliquer. Il n'a jamais encore montré les photos de Bella à qui que ce soit. Mais avec moi, il a le sentiment de vouloir faire une exception. Je suis une personne particulière, dit-il. En fait, c'était une très belle femme. Ils adoraient danser, raconte-t-il. Sa spécialité est la danse traditionnelle locale. Depuis le décès de Bella, Pierre-François n'a plus jamais participé à une soirée dansante. Ce soir, c'est probablement la première fois qu'il veut à nouveau danser. Je lui explique tout de suite que la danse en général et la danse circulaire traditionnelle en particuliers ne sont pas mon truc. Je veux bien l'accompagner ce soir, mais je ne vais probablement pas danser.

Soudain Véronique fait irruption dans la cuisine et se plaint bruyamment et très émotionnellement que le jeune homme est insupportable. Il la maudit et l'insulte. Il y a aussi le fait qu'il soit étranger et que les problèmes de langue semblent compliquer la situation. Je regarde Pierre-François faire face à la situation et j'observe comment il gère tout ce qui se passe sous son toit. Il semble n'avoir aucune idée du problème potentiellement dangereux, que ce soit d'un point de vue psychiatrique ou énergétique. Il traite la plainte de sa fille de façon très aléatoire. Franchement, son attitude me semble indigne de confiance. Soit qu'il refoule, qu'il laisse les anges travailler ou il est incapable de classer de façon réaliste les évènements présents. Je lui pose quelques questions et je conclus que la dernière supposition est la juste. Bien que Pierre-François ait beaucoup écrit sur les énergies vampiristes, il ne semble rien comprendre actuellement. Il se dit clairvoyant et il paraît qu'il perçoit toutes sortes d'énergies. Mais pas celles du jeune homme atteint de schizophrénie qui erre dans son jardin avec des allures extrêmement tendues. Étrange. Je demande directement à Pierre-François ce qu'il en pense. Il est très évasif, souris de façon charmante et sans s´impliquer.

Tout cela n´a pas de sens, n´est pas logique. Je commence à me sentir de plus en plus mal à l'aise.

Véronique s´adresse très gentiment à moi. Elle aimerait faire un tour dans le jardin. Nous allons au soleil ensemble. Elle a confiance en moi et elle se confie ; elle me raconte beaucoup de ses difficultés. Elle semble attirer un certain nombre de catastrophes depuis des années. C´est pourquoi son père l´a invitée à partager sa maison avec lui.

« Ne peut-il pas t´ aider énergiquement, te donner un soin ou des conseils ? », je lui demande. Il écrit des livres avec toutes sortes de solutions et des explications détaillées sur les phases de la transformation, leurs causes et leur potentiel de guérison.

Non, il ne veut pas s'immiscer, dit-elle. Il lui a dit qu´elle devrait s´adresser à moi. Ce que je peux comprendre partiellement. Mais il existe des moyens et des possibilités neutres et simples qui ont un effet très stabilisateur, qu'il pourrait recommander sans engagement. Notre conversation est interrompue: Véronique doit maintenant récupérer ses enfants à l'école.

Je reste pensive et seule dans le jardin. Je m'assois dans l'herbe et j´éprouve un grand plaisir à jouer avec les chats. Les animaux ont toujours un effet équilibrant et bénéfique sur moi. Mes inquiétudes concernant la condition du jeune homme sont-elles exagérées parce que j'ai vécu des situations graves et dangereuses en psychiatrie? On l´a littéralement « mis à la porte » de la clinique parce qu'il n'a pas d'assurance maladie dans ce pays, et non pas parce qu'il est en bonne santé. C´est non seulement irresponsable envers la société de mettre un sans-abri souffrant de symptômes psychotiques à la rue mais également envers le patient. Cela me semble même potentiellement dangereux. Véronique a bon cœur, mais elle n'a aucune idée de la portée de sa décision. Mon hôte non plus, qui permet à une personne présentant des symptômes psychiatriques aigus de vivre sous son toit et de partager l'appartement avec sa fille et ses deux enfants. Telles sont mes réflexions sur cette situation qui me semble de plus en plus incohérente.

Pierre-François regarde dans le jardin : « Comment va Alice au pays des merveilles? » Je ne peux retenir un sourire moqueur. Je suis un peu trop vieille pour être comparée à Alice. Et je ne vois aucune trace du soi-disant pays des merveilles. Quelle réflexion déplacée ! Et il est clairvoyant ! Cela m´étonnerait que j´ai l'aura rayonnante d'Alice au pays des merveilles en ce moment ! Je la connais bien, car c'est le premier livre que mon père m'a lu quand j'étais enfant. C'était un beau vieux livre avec des illustrations originales, que mon père examinait minutieusement avec moi avant de reprendre la lecture assidue. En fait si, je vois des parallèles avec Alice. Je peux me glisser dans une autre réalité en un instant et me retrouver dans un monde complètement différent, où je poursuis intuitivement, énergiquement et simultanément les processus internes et externes. J'entends par là la perception des processus psychologiques et psychiques ainsi que les événements et les atmosphères externes qui se déroulent parallèlement. Par exemple, je suis en état de percevoir ce qu'une personne ressent et pense et comment ses sentiments et ses pensées influencent le monde extérieur et vice versa. Comparable aux états oniriques où les couches de réalité s´entremêlent les unes dans les autres. Cela m'arrive généralement involontairement. Ces états se produisent sans que je les déclenche avec intention consciente, bien que les changements de plans qui en résultent fournissent souvent des réponses aux questions ou à des sujets qui me préoccupent actuellement. Par exemple, il y a plusieurs décennies, j'ai été initiée aux mystères du processus de la mort par un accident de voiture qui s'est produit sous mes yeux et ou l´accidenté et en l´occurrence le mourant a été jetés à mes pieds par la collision.

Et donc, voilà que je me glisse maintenant dans cet endroit désuet quelque part en Normandie avec ce maître spirituel et auteur qui ne veut plus l'être, avec sa fille mère-célibataire chargée de problèmes et le jeune homme accablé d´une psychose. Le tout dans la triste maison négligée au milieu d´un énorme jardin abandonné. Non, ce que je trouve ici n'est pas ce que je cherchais.

Un peu plus tard je rentre à la maison et fais du thé pour Pierre-François et moi. Peut-être pouvons-nous donner au tout une structure ou un tournant intéressant. J'avais préparé une liste en venant ici, une liste de sujets, de questions, de priorités que j'aimerais partager avec lui. Pour certains, il est nécessaire d'avoir le cadre d'un enseignement, mais nous pouvons traiter les autres de façon plus informelle. Je voulais aussi recevoir un soin de sa part et faire une visite dans quelques hauts-lieux énergétiques, dont il y a plusieurs dans la région.

Pierre-François parcourt rapidement la liste. Ses réponses sont courtes, plutôt superficielles et particulièrement désintéressées. Je n'ai pas besoin du traitement. Les énergies particulières de la maison sont thérapeutiques et apaisantes. Elles nous harmonisent même durant notre sommeil. Et nous deux sommes très bénéfiques l'un pour l'autre. « Ensuite, nous laissons les choses se dérouler », dit-il avec un sourire.

Que dois-je penser de cette réponse? Mes doigts roulent ma liste en forme de petit tube… J'étais particulièrement heureuse de venir passer du temps avec cette précieuse personne. Je voulais profiter pleinement de ce séjour. Je suis arrivée avec une soif spirituelle. Non, ici elle ne sera pas assouvie. Je dois ouvrir les yeux et reconsidérer la situation réalistiquement. Non seulement les températures ont changé, mais l'inspiration de l'auteur inspirant est tarie. Il se passe quelque chose d'entièrement différent. Je suis confuse parce que je ne suis toujours pas en mesure d'évaluer cette situation inattendue dans laquelle je me trouve actuellement. Pas de panique.

« Suis-je trop têtue » je demande à ma voix intérieure, « Dois-je être plus flexible? Que se passe-t-il exactement ici? »

« Prends ton temps », répond-elle. « Tu peux être aussi têtue ou aussi flexible que tu le souhaites. Mais surtout, ne laisse rien

« t´ arriver», et reste fidèle à ton credo, reste éveillée. Tu décides de ce qui se déroule, quand et comment tu le décides. » Je ne fais qu'observer, à la fois mes propres réactions et les suggestions que Pierre-François me fait.

Mon hôte est assis avec ses pièces de collection pendant des heures. Je traduis mon dernier livre en français. De temps en temps, j'ai besoin d'exercice et je vais au jardin. Le jeune homme y marche à grands pas et semble très tendu. Dieu merci, le parc est très vaste et il a beaucoup d'espace pour évacuer ses frustrations par le mouvement. Il reste loin en bordure de la zone forestière.

Trois générations sont heureuses dans la maison: le grand-père, sa fille et ses deux enfants. Ils sont bruyants et bougent tout le temps, ce qui apporte enfin joie et mouvement dans cet environnement sombre. Je suis contente de partager la vivacité des enfants. Cela ne dure pas très longtemps car une catastrophe se produit et l'un des enfants rugit si fort que le grand-père renvoie la petite famille dans sa partie de la maison. Avec soulagement, il ferme la porte entre la cuisine et l'appartement de sa fille.

Après le dîner, il est temps de se préparer pour la soirée de danse traditionnelle.

Pour ma part, cependant, il n'y a pas grand-chose à préparer, car je n'ai pas apporté de vêtements adaptés pour une telle soirée. Pas même des chaussures plus légères. Mais cela me convient parfaitement. Je ne danserai certainement pas.

La soirée est agréable, les gens sont sympathiques. L'ancienne petite amie était une si grande danseuse que je n'ai même pas besoin d'essayer de rivaliser avec elle. Je suis nulle, je ne sais pas danser. Avec moi, la tentative reste étouffée dans l'œuf. Je n'en ai pas envie et je ne me sens pas détendue. Mais je ris beaucoup avec une dame qui, pour des raisons médicales, n'est pas autorisée à danser, mais rejoint le cercle chaque fois qu'on l'invite. Cependant nous nous retrouvons souvent assises ensemble. Elle n'arrête pas de me complimenter à propos de mon « ami ». Il est tellement gentil. J'ai de la chance qu'il vienne à moi après chaque danse. Il est tellement attentif. Je veux lui dire tout de suite qu'elle peut avoir cet homme si gentil parce qu'il n'est pas « mon ami ». Mais en un rien de temps elle est repartie, séduite par la prochaine demande. Pierre-François a rompu le rythme saccadé et se tient soudain près de moi, transpirant abondamment et souriant. Son odeur corporelle m'est particulièrement désagréable. Littéralement, je ne peux pas le sentir.

La dame amusante revient et j'espère la connecter avec mon ami danseur. Mais il se rapproche de moi. En même temps, je ne peux pas éviter de faire un saut en m'écartant abruptement. Une réaction purement instinctive. La femme ne veut pas, compris? Maintenant il a compris cela correctement, j'espère. Il était autrefois si sensible et captait des choses que les autres ne voient même pas, m'a-t-il confié une fois. Un monsieur qui vient de quitter le groupe de danseurs se joint à nous et raconte sa vie à Paris et à quel point il est satisfait d'être rentre au pays. C'est un échange convivial et de bonne humeur. La femme amusante est à nouveau parmi nous et tout le monde compare ses danses préférées. Pierre-François souligne qu'il préfère les danses particulièrement rythmées et rapides. « Et vous? » Me demande la dame de façon un peu provocante. « Ça vous arrive de bouger quelquefois? » « Je suppose que j'ai besoin d'un autre type de mouvement ». Sans mentionner la nourriture pranique, j'énumère les différents exercices que je fais quotidiennement. Soudain, la dame éclate de rire et cache son visage derrière ses mains: « Oh, vous ne pouvez pas dire ça! C´ est si drôle. Vous ne pouvez pas dire ça », répète-t-elle. Je regarde Pierre-François avec interrogation. Il explique que le mot galipette dans le langage courant français signifie « avoir des relations sexuelles ». « Purzelbaum » est tout à fait normal dans le dictionnaire et la traduction correspond exactement à ce que je veux dire, en ce qui me concerne. Oui, mais tout le monde comprend quelque chose d´autre, cette expression n'est plus utilisée de manière aussi inoffensive dans le langage courant. Et ils rient tous de plus belle. Merde, je pense que j'ai vraiment mis les pieds dans le plat. Je ne le savais pas. Ils s´amuse tellement et continuent de rire. Involontairement, je leur ai fourni un bon fou rire ! Pierre-François et la dame amusante adorent discuter ensemble, ils sont pleins d'enthousiasme pour la prochaine danse. Je les pousse tous les deux : « Allez-y, allez-y donc » je crie et j'espère qu'ils danseront ensemble intimement.

Une pause pour moi pour enfin prendre l´air. J'ouvre la grande porte coulissante et j'inspire de façon avide le ciel nocturne et le calme extérieur. J'admire les étoiles, qui me redonnent toujours confiance et me rappellent mes origines. Quand je rentre, la danseuse est assise sur sa chaise: «Ton ami est un excellent danseur! Vous devriez définitivement le suivre à la prochaine danse! Toi et lui, vous allez tellement bien ensemble », ajoute-t-elle. Pas de chance, ma tentative a échoué! Ensuite elle me tire par la manche en rejoignant à nouveau le cercle de danse. Là, s'en est trop pour moi et je riposte soudain. « Ça suffit maintenant ». Puis elle disparaît avec les autres danseurs. Pierre-François se tourne à nouveau vers moi, en sueur et en riant. Je suis contente qu'il s'amuse bien. « Mais il est bientôt minuit et je serais reconnaissante si nous pouvions bientôt rentrer à la maison. » J'apprécie particulièrement les heures de sommeil avant minuit car elles sont d'une qualité particulièrement régénératrice. Nous rentrons immédiatement chez Pierre-François. Il est gai et il a apprécié sa soirée.

Moi aussi, j'ajoute, c'était amusant et intéressant à la fois. Également du point de vue ethnologique. Je ne savais pas que les gens de cette région entretiennent la tradition avec tant de passion.

« Et la femme marante qui voulait t'encourager à tout prix à danser ! », souligne-t-il.

« Oui, c'est une excellente danseuse. Elle serait la partenaire parfaite pour toi. Je te souhaite une bonne nuit. » Dis-je assez brusquement, car je ressens un fort besoin d'être enfin seule.

En réponse, il se lève pour me donner un baiser sur la joue en me souhaitant une bonne nuit. Son odeur corporelle me fait de nouveau faire un grand bond en arrière. Oui, oui, bonne nuit. Je monte les escaliers sans me retourner.

Le chat, le seul autorisé dans la maison, le chat de la partenaire défunte, Bella, est allongé sur mon lit. Il souffre d'une maladie oculaire incurable. Pierre-François ne peut-il pas le soigner s'il est guérisseur, non ? Il a des yeux étranges et un regard déstabilisant. J'ose à peine le regarder dans les yeux. Je suis fatiguée des impressions de la journée. Je m'endors tout de suite, la porte entrouverte, pour que le chat puisse sortir s'il le veut. Je trouve particulièrement inconfortable que la porte de sa chambre soit ouverte toute la nuit. Juste en face de ma chambre. Je fais un cercle de protection autour de ma pièce avant de m'endormir.

TROISIÈME JOUR

Après le réveil. Souvenirs égyptiens. En route. Visite chez Blanche. La soirée télévision.

Mon sommeil est un peu agité. J'aimerais savoir contre quoi je me bats? Je n'en ai aucune idée mais il y a une lutte de pouvoir. Le chat est toujours là où il était hier soir, me regardant toujours avec les mêmes yeux étranges. Je le regarde avec colère. Jamais de ma vie je n'ai fait une expression faciale grincheuse pour un animal. C'est comme si le chat voulait me convaincre de quelque chose. Il tolère mon regard sans en être dérangé, mais fait un léger miaulement de sa petite gueule

« collée ». Le son de sa voix adoucit la dureté de mon cœur. Je trouve aussi particulièrement stupide d'exprimer mon mécontentement envers l'animal. Je le caresse. J'ai une vague impression qu'il veut m'entraîner dans quelque chose que je ne veux pas aborder. « Arrête immédiatement cette pensée magique. Tu es responsable de toi-même, de tes actions et de ta vie », dit ma voix intérieure.

Je vais à la salle de bain, à moitié éveillée. Ce que je n'avais pas particulièrement remarqué auparavant attire maintenant mon attention: la pièce est pleine de statues égyptiennes, les bustes d'Isis se trouvent à chaque coin, même autour de la baignoire. Presque tous sont recouverts de poussière et certains de toiles d'araignées. Anubis, Osiris, Tutanchamon, Cléopâtre, Acheput, Hator, le chat égyptien, les pharaons me regardent avec leurs yeux perçants maquillés de kohl.

Égypte, ô Égypte bien-aimée, où j'ai savouré le plus grand bonheur après avoir fui l'Atlantide, mais aussi le pays où j'ai pleuré les larmes les plus amères de la tromperie et de l'injustice

Vicky Wall a été la première à souligner mes incarnations significatives en Atlantide puis en Égypte. Elle l'a fait de manière impressionnante grâce au système de couleurs qu'elle a reçu de façon médiumnique et appelé « Aura Soma ». Il se compose de plus de 100 bouteilles bicolores, qui révèlent un langage de couleurs précis. Quand j'ai rencontré les flacons Aura Soma®

pour la première fois, j'ai choisi le flacon nr 18 jaune / violette dénommé « La bouteille égyptienne ». Pendant longtemps, c'était une huile bénéfique pour moi ainsi que la combinaison particulière de ces deux couleurs, comme on peut la rencontrer dans la nature ou dans la vie quotidienne, par exemple: le Mimosa et le Bougainvillier en Sicile, que j'ai chèrement gardé en mémoire. Mais aussi des combinaisons matérielles de ces deux couleurs complémentaires ou d'autres constellations comme les cristaux de mon sang sous le microscope d'une méthode diagnostique bénéfique. Plus tard au cours de mon évolution spirituelle, j'ai développé une résonance avec une autre combinaison de couleurs.

Je suis nue dans la salle de bain; les regards éternels des Égyptiens présents me fixent. J'ai passé beaucoup de temps, nue dans les temples égyptiens en tant que danseuse lors des préparatifs sacrés! À cette époque, Pierre-François, en tant qu'hiérophante du temple, régnait sur les prêtresses et les danseurs sacrés. Nos destins se sont croisés encore et encore. Dans d'autres incarnations, il a également été incarné dans le rôle d' un danseur sacré. L'atmosphère entre prêtres et danseurs n'était pas seulement sacrée. Il y avait aussi beaucoup de discorde et d'intrigues, de machinations et d'excès sexuels. Il n'était pas rare pour moi d'être impliquée dans des abus de pouvoir de ce genre à cette époque et sous différentes hiérarchies.

Une histoire étrange m'est resté en mémoire, c'était le « mariage court » qui avait été prévu. J'aurais dû le consumer avec un prêtre plus âgé, dont l'incarnation a été reprise par Pierre-François. J'étais très jeune, peut-être 12 ou 13 ans. C'était un prêtre dominant et influent qui avait besoin de la vitalité d'une jeune fille pour reprendre des forces. Je ne sais plus pourquoi je me suis rebellée à l'époque. Peut-être que je n'aimais pas son odeur corporelle! Ma résistance a provoqué une grande agitation, car d'une part il y avait des rivales qui auraient aimé prendre ma place privilégiée, d'autre part des prêtresses qui étaient chargées de s'assurer que tout se passait bien selon la tradition ancestrale. La rencontre souhaitée entre le vieux prêtre et moi n'était pas une décision accidentelle. Au contraire, les gardiens des mystères qui étaient capables de percevoir les auras des danseuses ont insisté sur certains critères subtils pour faire leur choix. Je ne me souviens pas exactement de la fin de cette histoire, et franchement, je n'ai ni le courage ni l'envie d'approfondir cette vieille histoire. Cependant, une image persistante reste dans ma mémoire: celle de la jeune prêtresse qui s'enfuit dans le désert. Elle est renvoyée de force et contre sa volonté aux sous-sols du temple peu après. Ceux-ci ressemblent à une sorte de harem, où les danseuses sacrées étaient initiées, disciplinées, soignées, protégées et gardées des influences extérieures.

Ce que j'aurais envie de faire, c'est de jeter toute la galerie de ces statues égyptiennes et poussiéreuses par la fenêtre de la salle de bain. Je prends une profonde inspiration et je reviens à la réalité actuelle. Dans le jardin, j'aperçois de nouveau par derrière le jeune homme schizophrène. Son aura n'est plus si chargée, mais il a définitivement besoin d'aide. J'ai prié pour lui mais j'ai décidé de ne rien faire d'autre. Dans cette maison, je dois définir mes limites clairement car tous les résidents ont besoins d´aide pour des difficultés particulières. La douche chaude me fait du bien.

Je descends les escaliers avec des pas lourds et je dis à haute voix « Bonjour Pierre-François ». Par là je veux annoncer que je ne suis pas disponible pour quelque bêtise que ce soit. Ma salutation stricte rencontre un « Bonjour » glacial. Eh bien, je pense que le message est arrivé. Nous pouvons continuer sur une base décente.

Mais l'air est si dense que j'essaie de le détendre un peu.

« Veux-tu aussi un café? »

« Merci, j'ai déjà bu assez de café. »

« Je sais où nous nous sommes déjà rencontrés dans un passé lointain! » Je jette gaiement dans l'atmosphère pesante pour élever le niveau de l'humeur, mais surtout pour guider Pierre-François dans un discours un peu plus profond.

« D'où connaissons-nous » Il est étonné.

« En l'Egypte ancienne! Nous avons eu plusieurs incarnations communes en Egypte. » Il me fixe d´ un regard vide.

« Tu ne te souviens pas? Pas de mémoire d'Egypte?», Je lui demande.

« Non »

« Pourtant la salle de bain est pleine de statues égyptiennes! »

« Je me suis occupé de l'Égypte ancienne, tout comme je me suis intéressé à de nombreuses autres questions », dit-il d'un ton sec, qui n'invite certainement pas à une conversation. J'abandonne.

Je bois mon café en silence. Je m'assois en face de mon hôte à la table, où il range ses pièces de collection avec soin et systématiquement du matin au soir. Puis il me fait part du plan pour aujourd'hui: nous allons en voiture chez une amie, nous prenons sa voiture et nous conduisons dans une jolie petite ville appelée Honfleur. Là, nous dînerons dans un bon restaurant chinois. Bien sûr, je ne mangerai rien, mais je commanderai un thé vert ou un thé au jasmin. Ensuite, nous nous dirigerons vers un marché spécial où les collectionneurs achètent et vendent des pièces et des timbres. Blanche, une personne de sa connaissance, est une femme charmante, dit-il. Elle sera heureuse de me rencontrer. Pierre-François entend faire quelques bonnes affaires sur le marché.

La glace est brisée. Il est de nouveau prêt à communiquer. Je suis contente de monter en voiture et je suis heureuse de quitter la maison et de découvrir le paysage. La route pour aller chez Blanche prend quelques heures. J'ai posé une courte question sur sa jeunesse qui a déclenché une réponse éloquente et détaillée. J'ai plaisir à l'écouter, même si je n'ai pas besoin de tant de détails. Il s'agit de ses précédentes expériences sexuelles, à quel point elles étaient faciles et généreuses à l'époque. Avec l´ amie de la petite amie et ainsi de suite. On se retrouvait au lit l´ après-midi même du jour où l´on se rencontrait.

À un moment donné, cela devient un peu ridicule à mon avis! Moi aussi, j´ai fait partie de la vague de la fin des années 60 et 70, je rétorque. J'ai aussi beaucoup essayé par curiosité et pour découvrir ce qui me conviendrait. J'ai délibérément rassemblé diverses expériences pour conclure avec ce thème afin de ne pas ressentir le besoin de me rattraper plus tard. Je pense qu´il n´est pas nécessaire de répéter la même chose encore et encore. Différentes phases de la vie, différentes priorités. Je préfère fondamentalement quelque chose de nouveau. Telle est l'évolution. La générosité de la soi-disant révolution sexuelle ne m'a pas particulièrement séduite, même si je jouissais de beaucoup de liberté. Il n'était pas rare que je me sente salie et solitaire après un rapport sexuel. J'ai souvent eu l´impression que j'avais gaspillé quelque chose de sacré avec quelqu'un qui était plutôt pressé de faire son truc comme si je n'étais pas vraiment là. La plupart des gars n'avaient aucune idée, mais pensaient qu'ils étaient un vrai cadeau pour les femmes.

J'essaie d'expliquer à Pierre-François pourquoi je ne vois pas la soi-disant révolution sexuelle comme entièrement positive. Nous étions en fait sous pression pour nous comporter comme les autres. A savoir, ne jamais pouvoir dire « non ». J'étais difficile et je faisais des choix sévères, mais j'aurais pu m´épargner plusieurs expériences dès le début. Ce n'était pas une vraie libération parce que les jeunes étaient inconscients et, surtout, pas préparés. Bien que je sois bien informée par mes parents, un double standard semblait être à l'ordre du jour, en public et en privé. À l'extérieur, on s'attendait à ce que les femmes se conduisent de façon naïve et comme des petites saintes. Dans l'intimité, les femmes étaient censées agir sans inhibitions Elles étaient décrites soit comme pudique ou malfamées. C'était la référence pour les filles. Les jeunes hommes étaient autorisés à agir comme ils le voulaient et à suivre leur instinct. Ils savent prétendument comment faire cela grâce à leur instinct spécial, qu'ils sont censés ne pas pouvoir contrôler. Qu'est-ce que c'est que ce genre de masculinité? Quelle stupidité sans fond! En revanche, j'ai découvert mes sentiments, mes sensations émotionnelles et physiques et j'ai appris à les suivre. L'attention, la tendresse, la joie, le dévouement, la beauté, l'amour du détail, la considération dans l'interaction entre l'une et l'autre ainsi que le soin de l'environnement étaient si essentiels pour moi. Pourtant ils n'étaient pas souvent valorisés, mais la plupart du temps sous-estimés ou même complètement ignorés. Pour l'ancienne prêtresse en moi, l'aspect ritualiste manquait, la rencontre sacrée, la capacité d'appréciation, la finesse, la dévotion au moment présent et à l'acte sacré ainsi que sa dimension cosmique. En fin de compte, il restait un sentiment de vide malgré beaucoup de mouvement. Comme quelqu'un qui avale goulûment et à la hâte un burger de viande bon marché, riche en calories, sans réelle valeur nutritive et plein d'additifs toxiques. Peu de temps après, la faim sévit à nouveau, car l'âme, les sens et les cellules manquent de vraie nourriture, de plaisir authentique, de satiété spirituelle et de satisfaction. Est-ce que c'était ça la révolution sexuelle? C'était tout?

Nous arrivons tout de suite chez Blanche, afin que les vues opposées entre Pierre-François et moi n'aient pas à se faire face. La vieille plutôt stricte, tendue, pleine de principes contre le séducteur, éternel, jeune de cœur, toujours prêt, toujours drôle. C'est ainsi que je visualise et compare nos deux positions!

Blanche vit dans une belle maison entourée d'un magnifique jardin bien entretenu et plein de plantes et d'arbustes insolites. Alors que nous pénétrons dans l'entrée, Pierre-François passe son bras autour de mes épaules et me pousse légèrement en avant. Il me présente à Blanche avec les mots suivants: « Voici ma partenaire. »

Je me sens étourdie. Je lève les sourcils! Je pense « Quoi? Je ne suis vraiment pas dans le bon film! », Mais je ne trouve pas l'expression française et je reste sans voix. Blanche m'accueille joyeusement et m'embrasse fermement sur les deux joues. A-t-elle remarqué ma gêne? A-t-il ressenti mon désarroi. Celui qui est si clairvoyant et sensible, qui voit tout et qui sait tout ?

Désormais, je veux qu'il enregistre clairement mes réticences, mes techniques d'évitement et mon refus de participer à son jeu. Malheureusement, mes manœuvres sont couvertes par l'hospitalité pétillante et l'enthousiasme de Blanche. Elle veut tout organiser magnifiquement et parfaitement pour nous et nous recevoir particulièrement généreusement. Elle devine chaque souhait de Pierre-François, avant même qu'il le verbalise. Elle est pleine d'amour, de joie et elle a un cœur d'or. Mais elle me semble aussi naïve. Il lui donne des instructions et des tâches à effectuer. « Oui, oui, tout sera prêt, même si je dois me lever à quatre heures du matin », répond-elle.

Blanche est polyvalente, elle en sait beaucoup sur la botanique, la peinture, le bouddhisme et bien d'autres domaines. Elle est très occupée à porter assistance aux pauvres, aux réfugiés et aux artistes ici et là. Elle participe à une grande variété de projets. J'apprécie personnellement sa chaleur humaine, sa spontanéité et sa générosité. Elle est admirable. Mais je me pose la question suivante: Est-elle quelque peu « sous son charme »? Quel genre de relation entretiennent-ils tous les deux?

Nous visitons Honfleur, une belle ville bien entretenue. Pierre-François fait maintenant preuve de connaissances approfondies et nous montre des endroits énergétiques particuliers dans l'église et dans la région ainsi que des lieus qui ont une fréquence élevée. Il remplit ce rôle avec dignité et compétence.

Au restaurant, je ne m'assois pas en face de lui pour ne pas être bombardée complètement par ses énergies, chakra sur chakra. Blanche est heureuse d'occuper ce siège et s'assoit directement en face à face avec lui. Elle parle sans arrêt, ce qui me donne une pause pour réfléchir et observer.

C'est bien que je sois habillée pour la campagne avec mes chaussures de randonnée. Pour cette occasion j´ai fait un effort pour être un peu plus élégante. Je porte un haut assez fin, bleu foncé avec de la dentelle et un collier de saphirs bleus magnifiquement taillés. Une fois, Pierre-François me regarde avec désir et passion, mais seulement brièvement, jusqu'à ce qu'il rencontre mon regard strict. Mon look « no-nonsense »— mon regard « tolérance zéro ».

Blanche occupe la scène. Je souris amicalement de ses histoires. Soudain, elle se rend compte qu'il n'écoute pas. Il admet également que ses histoires l´ennuient. Voilà pourquoi il regarde autour de lui distraitement. Elle est brièvement indignée, rit, continue de parler et se tourne vers moi. Je donne juste une brève réponse et ça continue. À un moment donné, il veut partir. Elle se plaint d'avoir à payer de nouveau pour lui.

Nous parcourons une longue distance et atteignons enfin le marché avec la voiture de Blanche. Pierre-François y fait de bonnes affaires. Il est content. Elle l'a suivi et elle a tout porté pour lui. Elle a un aperçu de la situation. Elle aime l´encourager et le conseiller. Elle est l'éminence grise derrière cet homme.

Il veut rentrer chez lui. « Non, pas encore, venez chez moi. Je voulais vous montrer et vous donner ceci et cela et tu dois de toute façon récupérer ta voiture. » Nous passons beaucoup de temps chez Blanche. Elle profite visiblement de sa présence et ne veut pas le laisser partir si facilement. Elle nous montre son jardin, qui est vraiment extraordinaire. C´est définitivement une oasis de lumière habitée par des êtres de la nature. Elle possède en effet une connaissance exceptionnelle de la végétation exotique et elle cultive des plantes rares. Elle est ravie de partager son enthousiasme, ses connaissances et ses compétences avec nous ainsi que la splendeur de son jardin en début d'automne. Je la garde précieusement dans mon cœur. Pendant que Blanche et Pierre-François discutent, j'observe un coin de nature dans une partie plus sauvage du jardin. Là où se trouvent des êtres éthériques entre les arbres et les plantes vivaces. Magnifique! Enfin à un certain moment où nous, Blanche et moi, sommes ensemble et elle me confie « Il est tout pour moi, tout ce dont je rêvais chez un homme ». « Super! », je commence et je voulais ajouter: « Eh bien, vas-y, ma chère, vas-y! Personnellement, je ne veux rien de lui ». Soudain, il se tient là. Son apparition inattendue me fait taire. Blanche continue de bouillonner de toute façon. Puis un peu plus tard, Pierre-François pointe son index vers la partie sauvage du jardin, où je venais de percevoir des êtres de la nature. « C'est bien là. Oui, il y a une bonne énergie », dit-il en s'en rapprochant. « Si jamais tu voulais installer un petit banc dans ton jardin, ce serait un bon endroit pour l'y mettre, le meilleur même. » Un conseil non sollicité pour Blanche. Apparemment, il ne remarque rien des êtres éthériques. Il sent vaguement que l'énergie y est bonne. Tout est bien. Mais où est cette clairvoyance particulièrement vive, qu'il expose avec des techniques dans ses ouvrages spécialisés? Finalement nous nous préparons lentement à rentrer.

Je suis maintenant assise dans la voiture avec mon hôte sur le chemin du retour. Il ne parle ni avec gentillesse, ni avec respect de Blanche. Elle est trop grosse et babille trop. Personnellement, je suis satisfaite du talent conversationnel de Blanche. Il m'a permis de me taire et de rassembler et d´épargner mes propres énergies. Après une pause, alors que la voiture est arrêtée à un feu, il se penche dans ma direction et me chuchote à l'oreille: « Je n'ai pas l'habitude d'attendre une femme très longtemps. » Je ne peux qu'être étonné de son arrogance machiste et son empressement me sidère sur place. Je suis consternée. Si nous étions dehors, je le giflerais. Ici, dans la voiture étroite et en conduisant, je n'ai pratiquement aucune capacité de réagir. « Arrogance pure ». Je lui ris au nez. Sur le moment, je n´arrive pas à me ressaisir pour réagir de façon plus appropriée.

Ce n'est certainement pas la manière de me séduire. Au contraire. Ce comportement, non seulement, me dégoûte mais je développe une aversion pour cet homme et son comportement indécent. J'ai mis la ceinture de chasteté la plus lourde jamais réalisée. La version avec trois serrures (dont la clé est jetée à la mer). Mon cher, tu ne m'auras certainement pas. J´ abhorre le médiocre, l'insipide et le mauvais goût. Je m'attendais à un comportement complètement différent d'une personne aussi intelligente et spirituelle, dont j'apprécie vraiment les écrits.

Chacun est un être multidimensionnel. Dans notre existence terrestre, il existe différentes facettes et différents rythmes de maturation de la personnalité. Certaines parties peuvent être très développées, d'autres plus immatures, car le développement est individuel et variable. Il dépend des tâches et des leçons de vie, ainsi que des priorités de l'âme et des circonstances spécifiques de la vie que l´on mène. Surtout, le développement polyvalent n'est pas nécessairement synchrone entre les différentes parties. Je réfléchis à la manière de gérer ce nouveau changement. Je ne m'y attendais pas et il n'y avait aucun signe que mon hôte s´était transformé de cette façon et encore moins des attentes qu´ il projette couramment sur ma personne.

Il se sent évidemment seul et cherche une femme. Eh bien, n'a-t-il pas encore appris qu'une relation se joue en deux êtres humains, ou préfère-t-il une poupée en plastique? elle n'offrira certainement aucune résistance. L'homme raffiné n'a-t-il pas encore découvert que la fleur ouvre son calice avant que le nectar ne soit partagé? Ne comprend-il pas que c´est la femme qui décide d'ouvrir ou non la porte? Quiconque force une ouverture ou force la porte avec violence commet une profonde violation dont le repentir le hantera pendant longtemps. Parce que le non-respect des limites personnelles et du libre arbitre ont un prix élevé dans le contexte karmique.

Le soir, je suis tendue, irritable et de mauvaise humeur. En fait je voudrais lui dire de me conduire à la gare tout de suite. Mais ce soir, il n'y a plus de train jusqu'à demain matin.

Pierre-François allume la télévision. Maintenant, une petite distraction est exactement ce qu'il me faut. Nous prenons place sur deux larges fauteuils qui se tiennent côte à côte. J'essaie de me concentrer sur l'écran et d'atténuer mon humeur. Un peu de variété, passe-temps. Je ne suis généralement pas en faveur de me distraire ou d'éviter d'affronter quoique ce soit. Mais en ce moment, je ne veux pas avoir à m'occuper de cet homme. Je fais comme s'il n'était pas là. Je dirige mon intention sur la télévision, j'entre dans l'écran et je me sens entourée par le glamour de l'événement. Il s'agit d'un programme où différents couples de danseurs se font concurrence.

La distraction n'est pas entièrement réussie. Je remarque qu'il étend son bras gauche. Et soudain, sa main est sur le bras du fauteuil dans ma direction. Tout d'abord, j'essaie de l'ignorer. Puis je la regarde discrètement du coin de l'œil. Attend-elle que je la tienne fermement, que je la caresse accidentellement? Je la regarde et je cherche mes mots. Au bout d'un moment, il la retire sur son fauteuil, comme s'il se sentait mal à l'aise.

En outre de cette situation sans parole et désagréable, je trouve l'émission de télévision incroyablement stupide et superficielle. À 21 h 15, je dis bonsoir. Ces jours-ci, l'appel au sommeil avant minuit est particulièrement précoce, je murmure sarcastiquement pour moi en montant les escaliers. Le chat est sur mon lit. Il ne me regarde même pas quand j'entre dans la pièce.

La nuit

Considérations nocturnes. Le labyrinthe

Cette nuit, j'ai du mal à dormir, à la fois à m'endormir et à retrouver le sommeil quand je me réveille, ce qui est extrêmement inhabituel pour moi, surtout dans mon état pranique.

Cette situation étrange m'importune. Étais-je naïve dans mon hypothèse qu'il était une personne sérieuse? Ai-je projeté sur lui une admiration sans fondement? Ai-je commis une erreur de jugement? Suis-je coincée d'une manière ou d'une autre? Je ne m'étais jamais attendue à ce genre de comportement et je suis abasourdie par sa tendance constante à dépasser les limites.

En général et à l'extérieur, Pierre-François est sympathique. Il m'emmène partout. Ses enfants et ses connaissances m'acceptent immédiatement. Mais je ne veux pas être inclue dans cette « communauté ». Je suis ici en visiteuse et j'apprécie que tout le monde soit si bon enfant, mais c'est leur monde et pas le mien. Je ne me sens pas chez moi ici. La négligence, la saleté, le manque de soin et d'attention, la vieille maison me mettent mal à l'aise. Ils me rappellent la maison de mon père: elle était remplie de choses parfois précieuses mais aussi de vieux lits, placards, couvertures, papier peint, etc. L'odeur de l'air vicié s'accumule dans mes narines. Il me dégoûte. Le manque de soin et de présence attentive pour le potentiel de l'endroit, les opportunités qui sont tout simplement gâchées me rendent tristes. Mon environnement immédiat est plein de poussière, j'ai peu d'espace pour répandre mes affaires. Je ne me sens pas bien. Je me contente généralement de peu. Mais la saleté, les choses qui traînent depuis des années et les énergies lourdes qui se sont accumulées, je trouve tout cela déprimant.

Il fait froid sous la couverture unique ce soir.

L'environnement et l'esprit de collection, ainsi que l'attitude et même la posture physique de Pierre-François me rappellent en partie celles de mon père. Je suppose que les collectionneurs développent une manière de s´occuper des choses semblables dans la manipulation de leurs belles pièces: la méthode, l'ordre, l'enthousiasme, le dévouement et l'attention sans partage. Ces compétences se développent dans un cadre qui offre retrait et protection envers la réalité. L'accent est mis sur la tâche. « On cesse de penser » comme l'admet mon hôte. Dans cette activité, le collectionneur trouve un espace dans lequel il peut se retirer vers l'intérieur sans avoir à se débrouiller seul. Là, il rencontre un monde intact où aucune confrontation ni menace ne survient. Ce monde idéal est habité par des objets sélectionnés, des règles et des valeurs établies.

Les parallèles entre mon hôte et mon père rendent ce séjour encore plus difficile pour moi. De plus, la santé de mon père s'est tellement détériorée ces dernières semaines qu'il pourrait quitter la dimension terrestre à tout moment. Ce qui le rend très présent dans mes pensées. Je suis prête chaque jour à recevoir un message de mes sœurs qui pourrait me faire part de son décès. Des souvenirs émergent et je ressens une grande gratitude pour tout ce qu'il m'a donné. Et cela, même si je me rebellais parfois contre lui ou ce qu'il voulait m'inculquer.

Ici chez Pierre-François, mon malaise n'est pas uniquement dû à la maison elle-même, mais aussi à son éloignement. J'aime être à la campagne, mais quand je ne peux pas me sentir libre et me mouvoir comme je le souhaite, je me sens frustrée, enfermée, dépendante, simplement pas libre, comme en prison. J'ai l'habitude de jouir de ma liberté de mouvement tous les jours dans les transports publics. J'aime marcher pendant des heures. Demain dimanche, j'irai jusqu'au centre du village à quatre kilomètres car il n'y a pas de bus. La randonnée sera bénéfique. Avec cette pensée, j'arrive à me rendormir.

Quelques heures plus tard, je me réveille remplie d'un sentiment de déception. Je suis venue ici avec l'espoir d'échanger sur des thèmes spirituels. Je suis ici pour découvrir et apprendre quelque chose de nouveau, pour me régénérer dans une atmosphère spirituelle. J'aspire à des conversations profondes, à de nouvelles perspectives et à une grande sagesse dans l'échange. En outre, j'avais hâte au soin énergétique que Pierre-François en tant qu'auteur, guérisseur, thérapeute et consultant m'aurait donné.

Et qu'est-ce qui m'attend ici? Une conversation quotidienne et superficielle qui repousse les sujets plus profonds en un instant. Pierre-François semble être complètement blasé des thématiques spirituelles. Il ne donne pas l'impression d'avoir en quelque sorte travaillé sur lui-même ou essayé d'intégrer quoi que ce soit de ses enseignements. Il se présente comme le préféré de sa mère qui a tout réussi contrairement à sa sœur. Cette sœur qui a entièrement renoncé à sa famille. Si bien qu'il n'a aucun contact avec elle et ne sait même pas où elle habite. Il n'a aucun autre membre de la famille à part sa mère. Pour sa part, elle est fière qu'il ait réussi et qu'il soit connu. Il a de l'argent, une maison, des enfants. Et il fait très bien face à tout grâce à sa complaisance. Si quelque chose fait défaut, c'est automatiquement la faute de l'autre personne: sa femme, sa sœur, ses partenaires de travail ou d'affaires occasionnels, ses clients, etc.

Toutefois il est amical et équilibré dans ses relations avec les voisins, avec ses enfants, avec ses amis. Envers moi, il franchit de plus en plus de limites et s'énerve un peu à plusieurs reprises.

Où est le clairvoyant, le très sensible, la personne au regard perçant qui voit tout derrière la façade? En ce qui me concerne, il ne voit absolument rien. Je suis simplement un écran de projection pour sa recherche d'une femme.

Il a écrit sur la divination et la capacité de dévoiler le futur, sur les signes qui peuvent indiquer l'avenir. De toute évidence, cette connaissance ne lui a pas servi avec les deux mariages ratés. Il ne veut rien savoir de mes souvenirs d'Egypte. Il est maintenant à la retraite! À mon avis, la spiritualité n'est pas une profession, mais un mode de vie et un état de conscience. Ceux-ci peuvent être utilisés professionnellement. Mais sans attitude spirituelle, il n'y a pas de transmission authentique de la spiritualité, ni de vécu spirituel et encore moins de cohérence personnelle. On ne peut pas s'en acquitter comme d'un travail, d'un rôle ou d' un objet. A-t-il joué ce rôle comme un escroc revêtirait un rôle de séducteur? Quand il prétend avoir exercé tant de professions, y compris celle d'acteur, j'ai tendance à croire que certaines fonctions ne pouvaient être que du théâtre pour lui.

Il peut être fascinant d'être polyvalent et de posséder une personnalité riche. Mais je suis moins enthousiaste à propos de sa transformation: d'un auteur spirituel à un homme négligé d'âge mûr qui veut absolument s'approprier une femme. Ses succès d'entant, en tant que jeune homme, auprès des femmes lui donnent une confiance en soi inébranlable. L'essaim de femmes (s'il a vraiment existé) a vieilli d'une ou deux générations. De nos jours en général, et dans mon cas précis, une femme insiste pour que ses sentiments, sa situation de vie et sa propre opinion soient inclus. Une femme ne peut pas simplement être choisie comme un morceau de bétail. Il doit y avoir un accord mutuel, attirance et affection ainsi qu'une réciprocité et un intérêt fondamentaux. Non seulement, je ne montre aucun enthousiasme pour ses efforts, mais du rejet, de la rigueur, de la distance et un besoin de démarcation. Mes réactions montrent des manœuvres d'évitement plutôt que d'être accommodantes ou encourageantes. Le ton et le contenu de mes réponses deviennent de plus en plus négatifs et contredisent évidemment ses efforts répétés. Je ris beaucoup pour apaiser la situation et parce que je la trouve ridicule. Comment puis-je succomber? Ai-je projeté des qualités positives sur ce soi-disant « homme spirituel » qu'il n'a vraiment pas? Son talent d'acteur reflète-t-il une fragmentation manipulatrice qui porte un masque axé sur la satisfaction de ses besoins personnels?

Pierre-François n'est pas seulement dans un rôle dépassé plein de croyances irréalistes qui s'effritent, mais il se révèle aussi comme une personnalité étroite. Il s'agit d'un macho qui veut désespérément qu'une femme maintienne son niveau hormonal (comme il m'enseignait encore). Il s'agit d'un petit garçon perdu qui cherche une mère et finalement une infirmière assidue qui s'occupera de lui dans sa vieillesse. Cependant, ces rôles ne correspondent ni à ma personnalité ni à mes projets futurs.

Il m'a dit qu'il était constamment en couple sans pratiquement aucune transition d'une partenaire à l'autre. En conséquence, il a bénéficié du soutien et de l'inspiration de compagne sans interruption pendant des années, sans avoir l'opportunité de s'exercer à vivre seul. Ce qui est difficile à réaliser et à apprendre à ce stade. Il a toute ma sympathie pour cela, car la solitude est d'autant plus difficile dans la vieillesse. On comprend donc qu'il montre autant de zèle pour trouver une femme. Cependant, échapper à la solitude ou même à l'ennui n'est pas sa seule motivation. Mais l'hypothèse naturelle selon laquelle lorsqu'un homme et une femme se rencontrent, une relation sexuelle devrait naître. Surtout si elle lui plaît. Qu'elle l'aime ou non est d'importance secondaire. Pour moi, ce n´est aucunement évident. Car je suis une farouche opposante à cette façon de penser depuis ma jeunesse. J'ai toujours été contre cette règle non écrite, qui semble circuler même chez les femmes: elle devrait se sentir flattée quand il la courtise. Quelle grâce qu'il la voit et qu´il porte son attention sur elle! Même s'il est maladroit ou exprime sa convoitise d'une manière plus ou moins appétissante. Il lui montre son attention et gonfle son ego. Alors elle devrait se sentir honorée, heureuse et reconnaissante qu'il l´a convoite? C´est un jeu qui n´est pas sain du tout!

Je suis la reine, assise au centre du labyrinthe, qui observe avec attention comment il se déplace vers moi. J'examine ses motivations les plus profondes et les plus secrètes et j'explore la pureté et la générosité de son cœur. Je découvre chacune de ses inclinations naturelles et sens son potentiel prêt à s´éveiller. J'apprécie chaque quête vers l´équité, le respect de soi et la conscience éveillée. Je porte attention à sa sagesse, à son équilibre, à l'appréciation et à la dignité qu´il exerce envers soi-même et envers la femme désirée. J'anticipe avec impatience la créativité, l'originalité et la spontanéité qui naissent du cœur généreux. Je suis la reine au centre du labyrinthe, l'attendant, non seulement passivement et de façon réceptive, mais avec une émotion impliquée et une sage détermination. Est-ce que je décide de le recevoir s'il trouve son chemin vers moi à travers le labyrinthe? Me convient-il? Y a-t-il une affinité plus profonde entre nous? Cette rencontre est-elle enrichissante pour nous deux? Notre approche mutuelle est-elle constructive et basée sur la considération et la courtoisie? La qualité de cœur est-elle impliquée en nous? Y a-t-il une attraction magique, le mystère de l'attirance alchimique? Existe-t-il une base concrète et pratique pour construire quelque chose de plus vaste que chacun de nous? Comment progresse-t-il dans ce labyrinthe? Comment gère-t-il l'échec, la frustration? Est-il constant dans son zèle? Quelle est l'authenticité de son désir? Est-ce juste un frisson temporaire, une nouvelle conquête, ou sa motivation est-elle complètement concentrée sur l'épanouissement de l'âme?

Je suis la reine au centre du labyrinthe et je décide si nous serons en couple ou non. Quel genre d'être se cache derrière la façade de la personnalité? C'est cela qui m'intéresse.

Cependant, il ne sait pas qu'il est évalué et il continue de fouler aux pieds le vieux succès prouvé et le voyage de l'ego. Sans raffinement mais têtu. Partiellement insipide et arrogant. Non, cela ne me convient pas: un tel homme ne me dit rien et les circonstances ne conviennent pas du tout. Il ne me perçoit pas non plus comme une personne, mais comme une femme qui met fin à sa solitude. Y a-t-il une réciprocité entre nous? Serais-je satisfaite de ce qu'il a à offrir? Trouverai-je l'accomplissement dans cette maison sale et négligée? De telles considérations lui sont étrangères et il n´y prête aucune attention. La personne immature est égocentrique. Il ne s´intéresse aucunement à la réciprocité qui est pourtant indispensable.

Je demande à mon chauffeur s'il a tiré des leçons ou des réflexions de ses mariages ratés.

En un mot, il ne réfléchissait pas beaucoup, mais il a agi rapidement et sans scrupule. Et puis bien sûr il y avait les nombreuses autres femmes ... Oh comme c'est intéressant ... et je regarde le paysage pendant que nous conduisons. Je pose des questions géographiques et historiques pour détourner la conversation.

Ce sont ces pensées qui me tiennent éveillée en cette nuit troublée. Je rejoue les événements et les conversations de la journée.

Le casse-tête pour moi est de comprendre comment il a écrit de si bons livres, même si tout cela lui semble étrange. Il n'a rien intégré. Il ne respecte pas ce qu'il décrit ou recommande dans ses ouvrages, pas même le régime alimentaire. Il ne fait rien et semble incapable de faire face à des situations pour lesquelles il est considéré comme un spécialiste dans les milieux spirituels. Pierre-François est totalement incapable de s'occuper du jeune homme en difficulté, dont les symptômes sont typiques d'une possession à la suite de l'utilisation de drogue. L'ancien enseignant dans le domaine énergétique a fourni des indices précieux dans ses livres. Mais dans la vraie vie et dans la pratique, il s'avère ignorant et incompétent. Il est impossible qu'il ait développé lui-même ces connaissances. D'où vient le savoir ? Le tout est un exercice purement intellectuel et non une sagesse vécue. Encore moins une capacité spirituelle. Telle est la conclusion que je tire en le côtoyant maintenant de manière pratique et réaliste. C'est une grande déception pour moi, mais je suis heureuse d´exposer cette l'illusion maintenant.

Je devrais enfin essayer de me rendormir. Bien sûr, le chat est toujours au bout du lit, me regardant avec ses yeux mi-ouverts. J'essaie de l'ignorer, de faire comme s´il n'était pas là. En fait, j'ai l'intention de le faire partir du lit doucement avec mes pieds sous les couvertures. Il s'étire et me gronde doucement . Il s'installe alors de l'autre côté du lit, un peu plus haut, en se blottissant à l'arrière de mon genou. J´abandonne. Je m'endors enfin avec la pensée libératrice que mon hôte a prévu quelque chose demain. Je passe donc une grande partie de la journée seule et libre.

QUATRIÈME JOUR

Enfin seule. Considérations. Sur le toit. Père et fils. La traduction de mon livre. La confession de Bella. Conduire Bella vers la lumière.

J'entends Pierre-François se lever tôt et quitter la maison peu après.

Je somnole un moment et décide de passer une belle journée seule et de poursuivre mes lectures et autres intérêts.

Quand je me lève, le soleil brille et je décide de faire une longue promenade aujourd'hui.

Mais d'abord je passe beaucoup de temps dans la salle de bain et avec mes exercices spirituels et physiques. Je prends plaisir à boire le thé du matin et à récupérer de la nuit agitée.

Je ressens une grande gratitude pour la confiance et la générosité dont Pierre-François, sa famille et ses amis me font preuve. Je suis également reconnaissante que la maison soit mise à ma disposition. Sa fille pense que je suis « la femme qu'il lui faut ». Il est d'accord et me regarde avec des yeux pétillants alors qu'il partage l'enthousiasme de sa fille avec moi. Mais je ne suis pas prête à « entrer » dans cette famille. Ils n'ont aucune idée de la vie intéressante et autonome que je mène dans mon pays de prédilection. Ils ne s'intéressent pas vraiment pour qui je suis et ils ne se posent aucune question sur ma vie.

Étrange que l'on puisse vouloir « placer » une femme aujourd'hui ... oui au 21e siècle en Europe. Je trouve également intéressant de voir comment une autre femme assume ce rôle: dans ce cas, la fille pour le père. Quelque chose de semblable m'est également arrivé dans une petite ville où j'ai rencontré une agente immobilière qui pensait qu'en tant que française, j'étais la meilleure locataire pour l'appartement d'un vieux monsieur. Elle pensait que je serais une bonne alternative par rapport à une femme russe, qu'elle accusait d'être méchante. Appartement et vieillard à louer: « deux en un », pour ainsi dire! C'est le clou de l'année, non? Je ne sais pas si la russe était d'abord locataire, mais elle l'avait épousé. Récemment ils ont divorcé parce qu'elle tenait à hériter de la maison, m'a raconté le vieux monsieur qui est en effet devenu mon propriétaire. Mais je n'aime pas particulièrement ni les vieillards ni les possessions. Il était clair que je garderai cet homme à l'écart avec une démarcation bien limitée. Et cela était particulièrement nécessaire pour lui car il s'est avéré être le roi du franchissement de limites.

En fait, je devrais être reconnaissante de gagner immédiatement la confiance des gens et de faire bonne impression. J'apprécie la confiance que l'on me porte, mais je ne m'implique jamais dans les machinations. Je peux deviner les motivations en arrière-plan ainsi que les l'intrigues assez rapidement. De plus, mon intuition me dit si le terrain sur lequel je me rends est en alignement avec mon être ou non en dépit des avantages apparents. Si je traduis cela dans mon langage éthique : ma liberté et mon individualité sont-elles respectées ou non? L'offre attrayante est-elle un appât qui mène à la privation de ma liberté et de mon auto-détermination?

Il y avait aussi ce monsieur du Moyen-Orient, très intelligent, très instruit, parcourant le monde, avec beaucoup de succès ... l'homme de rêve ou presque. Nous nous sommes rencontrés dans un endroit humble où les nouveaux arrivants exhibaient leurs œuvres d'art. Nous nous sommes vus plusieurs fois. Cet homme était assez intéressant, mais malade psychiquement. Mon cœur lui est resté fermé et mon approche amicale mais détachée s'est poursuivie: je n'ai pas ouvert d' autre porte. Il portait des vêtements chers. Je n'ai pas été impressionnée, même si j'ai un faible pour la qualité et les beaux tissus. Puis il est venu me chercher dans une voiture de luxe et m'en a parlé pendant une heure en mentionnant plusieurs fois son prix, jusqu´à ce que j´en bâille. Tant qu'une voiture roule et que je n'ai pas à la pousser, elle me convient. Il voulait me prêter de l'argent. Non merci, ma liberté et mon indépendance n'ont pas de prix. La dépendance financière doit être évitée, en particulier pour les femmes. Gardez toujours un œil sur votre indépendance économique et mangez plutôt des pommes de terre toute la semaine. Plutôt que d'entrer dans une situation de dépendance, dont il peut être très difficile à sortir. De plus, le cher monsieur vivait dans un mariage détruit, où aucun des partenaires ne voulait divorcer. Il considérait que ce serait idéal si j'occupais la place d´une seconde femme. Comment ces hommes arrivent-ils à de telles idées et pourquoi vouloir m'intégrer dans leur vie? Ce ne sont que des idioties. Je ne cherche rien de tel. Je veux vivre ma propre vie, remplir ma mission d'âme, je veux savourer ma liberté, dépenser mon argent comme bon me semble, passer mon temps comme je l'aime et prendre mes propres décisions. Je ne suis pas disponible pour remplir des espaces vides dans la vie des autres.

Et maintenant, je me suis glissé dans le rôle de « C´est une femme comme ça qu´il te faudrait » pour le père. C´est une première dans ma vie. Du jour au lendemain, je pourrais devenir épouse, « belle-mère » de deux enfants adultes et grand-mère des enfants de Véronique. Sympa mais pas mon truc. D'autant plus que je n'aime pas le soi-disant époux lui-même, et cela de moins en moins chaque jour. Je suis là pour des raisons spirituelles et intellectuelles car je m'intéresse à ses écrits. Je suis là pour un peu d'inspiration, pour une nouvelle orientation, pour une rencontre à la même hauteur, ni supérieure, ni inférieure.

Le monsieur ne voit pas cela dans son aveuglement. Pas de soin énergétique, pas de leçons, pas de discussions approfondies où je pourrais acquérir de nouvelles connaissances et développer des méthodes intéressantes. Non, il me veut à ses côtés pour combler le vide. Écrivain, gourou et homme extraverti, il a toujours eu des femmes à sa disposition ou dont le rêve est de se rapprocher de l'homme qui se tient sur la scène ou qui mène le troupeau. J'ai souvent eu l'occasion d'observer ce genre de femmes. Elles semblent s'attendre à recevoir un peu de charisme de l'homme convoité. Ou bien elles se comportent comme si cette proximité présumée privilégiée les mettrait en valeur ou leur fournirait d´ autres avantages. J'ai toujours trouvé ces jeux dégradants, surtout dans un cadre intellectuel ou spirituel. Je les ai également observés dans le paysage politique.

Je me rends dans le jardin et je ris aux éclats! Qu´est-ce que c´est que ce genre de jeu? Le manque de clarté de mon projet est-il à l'origine de cette réalité déformée? Ai-je décidé trop spontanément? Non, je décide que je suis au bon endroit ici.

Mais maintenant, je profite de ce « jour de congé » et des jours restants de mon séjour. Tout ira bien. Maintenant, mon ex-professeur a compris mon attitude. Et je vais le mettre sur la voie « enseignement et savoir » car c'est la seule chose qui m'intéresse ici.

Telles sont mes considérations lorsque je commence à marcher sur une route très isolée vers le village. C'est en fait complètement à l'écart ici. Les couleurs de l'automne sont magnifiques, les châtaigniers splendides dans leur majesté. Le sol est couvert de châtaigniers, bien que les énormes branches soient encore lourdes de ces épaisses coquilles vertes. De temps en temps, une voiture passe. Je marche longtemps jusqu'à ce qu'un sentiment de mal-être prenne le dessus. En fait, je n'ai pas vraiment envie de me balader le long de cette rue solitaire. Que ferais-je au village de toute façon, c'est dimanche. Et il n'y a rien d' intéressant là-bas. Par contre, je collectionne les belles et épaisses châtaignes dans l'espoir que quelqu'un puisse les utiliser. Elles sont si grosses qu'en peu de temps je rassemble plusieurs kilogrammes que j'arrive à peine à ramener chez Pierre-François.

C'est maintenant le début de l'après-midi, j'ai l'intention d'explorer le village et de traverser d'abord le groupe de maisons. Les chiens laissés seuls à la maison deviennent d'autant plus sauvages qu'ils prennent en charge toute la défense pendant que leurs humains sont absents. Leurs aboiements sont très forts et continus. Il y a au moins un animal par jardin et parfois jusqu'à trois d'entre eux. Ils s'encouragent et deviennent de plus en plus menaçants. Puis je m'approche d'un jardin qui n'a pas de véritable clôture. Le chien peut sauter par-dessus les cordes qui délimitent la propriété à tout moment. Je m'arrête et je ressens en moi: « Est-ce un test selon la devise: apprends à confronter tes peurs? » « Non, c'est un défi de rebrousser chemin de manière très réaliste et sensée », je reçois en réponse à ma voix intérieure.

L'autre direction semble non seulement plus calme au début, mais beaucoup plus agréable. Les bâtiments ont été largement rénovés. Il y a de belles villas là-bas. Les jardins sont également bien entretenus. Oui, cela semble être une meilleure direction. Comme s'il apparaissait dans un rêve, un homme croise le chemin pour disparaître d'une des villas dans celle d´en face. Très bien, me dis-je, et je continue de marcher. Soudain, trois chiens apparaissent du côté gauche. Ils ne sont pas attachés et ils n'aboient pas, ils sont là me faisant une impression plutôt hostile. Je leur parle fort et chaleureusement. « Je sais que vous avez votre travail à faire, mais je ne suis pas intéressante du tout et je veux juste passer par là. » Je peux à peine terminer la phrase quand deux autres chiens apparaissent à droite. J'aime les animaux et surtout les chiens. Je peux bien communiquer avec eux, je comprends qu´ils gardent leur territoire et ainsi de suite. « Reviens! », dit ma voix intérieure. « Arrête de forcer les choses et de faire faire tant d'efforts. Tu n´as pas à faire tes preuves. Retourne à la maison. Tu essaies de fuir cette maison. Mais il n'y a pas d'échappatoire. »

Je passe donc du temps dans le jardin. Il semble que je sois seule dans tout le coin. Même le jeune homme atteint de psychose n'est pas là. Tout le monde s'est envolé. Pour m´en assurer, je regarde la maison avec mes yeux clairvoyants. Lorsque je fouille les pièces avec ma vision aux rayons X, mes yeux sont attirés vers le haut par une apparence floue au-dessus de la maison. Là, une silhouette flotte presque transparente comme un voile qui se confond avec les nuages. Même si j'ai du mal à garder les yeux vers le haut à cause de la lumière du soleil, mes yeux restent concentrés sur la forme. Comme hypnotisée, j'essaie de distinguer la délicate forme nuageuse. « Qui est-ce? Cette personne ne m'est pas inconnue.» Bizarrement cette idée me vient à l'esprit. « Mais oui, » dis-je soudain à voix haute. Je suis étonnée de voir que la forme de cette femme est Bella. Je la reconnais de la photo que Pierre-François m'a montrée. Plus j´observe ses traits, plus ils se dessinent clairement. Et il semble qu'une connexion très étrange se développe entre Bella et moi. Elle me connaît parce qu'elle plane ici dans son corps astral. J'ai fait sa connaissance de manière assez approfondie à travers les nombreuses histoires de Pierre-François. Un sourire qui s'est progressivement déformé puis s´estompe ´bizarrement sur les lèvres de Bella me fait un peu peur. Puis, sans avertissement, son corps astral se dissout dans la maison. Je me sens très seule à ce moment avec cette expérience. Et surtout instable. Que signifie ce phénomène astral? Pourquoi est-elle si ambivalente? Est-ce une invitation à se sentir à l'aise ici ou un avertissement si je prends racine ici et en l'occurrence sa place à côté de l'hôte? Comme je ne me sens pas bien, elle peut difficilement être porteuse de nouvelles positives. Je ne tire aucune conclusion prématurée et laisse cette expérience pour le moment telle quelle. J'espère que d'autres informations et de nouvelles réponses me seront fournies en temps utile.

De retour à la maison, j'écris un peu dans mon nouveau livre. Je suis fatiguée. Lorsque le monde est si excitant et la nuit si agitée, somnoler au milieu de la journée est le meilleur moyen de passer le temps. Ensuite, je m'occupe de la lecture et de mes traitements subtils. J'envoie quelques messages.

Vers la fin de l'après-midi, Pierre-François revient. Il a vendu peu. Il s'assoit immédiatement à la table pour ordonner ses nouveaux timbres ainsi que les pièces dans sa position habituelle à l'endroit habituel. Il semble content que j'aie passé la journée seule sans me plaindre et sans lui faire de reproche. Il a été convenu dès le départ qu'il passerait dimanche au marché. Pour ma part, c´est tout à fait normal.

« Le chat t´ a complètement adoptée », dit-il à l'improviste. « Il a dormi avec toi toute la nuit ». Je ne sais pas où il veut en venir, donc je ne donne pas de réponse précise. Mais il poursuit: « C´est le chat de ma compagne. Il t´aime bien ». Je me dis: « Pas seulement la fille, mais le chat et la bien-aimée de l'au-delà, tout le monde pense que je suis apte à succéder. Mais je ne veux pas de cet honneur. » Je change délibérément de sujet.

Plus tard dans la soirée, son fils vient souper. Exactement le même schéma se répète. Pierre-François est le fils parfait contrairement à sa sœur. Il m'a raconté qu'elle n'avait jamais réussi à faire quelque chose de bien de sa vie. Il en va de même pour la génération actuelle: malgré son jeune âge, son fils a déjà des biens, une réussite professionnelle et « la femme qu'il lui faut ». La fille, bien que beaucoup plus âgée que son frère, n'a recueilli que des échecs et des problèmes, a donné naissance à des enfants difficiles et n'a pas encore trouvé le « bon mari ». Elle est monoparentale et lutte avec le côté matériel de la vie. Cela me rend triste de voir ces contrastes marqués. Pourrait-on tenter d' accepter une sorte d'équivalence en ce que chaque enfant possède une tâche particulière et, au sein de la famille, qu'il prend sa place en représentant son rôle spécifique? La guérison n'est-elle pas nécessaire pour toute la famille? La division radicale est un modèle figé dans cette famille. En retour, les jugements entre «réussir» et «ne pas réussir» forment un clivage. Et mon « ami guérisseur » ne voit pas ça. Je me retire de cette affaire privée. Cependant, je ressens de la douleur pour les femmes qui sont poussées dans ce schéma, mais aussi pour les hommes qui, en revanche, souffrent de la pression de devoir réussir - même si leur ego en profite.

Le père et le fils ont une conversation animée sur les nouveautés des alentours et dans leur vie privée. Il est agréable de poursuivre cet échange de manière énergétique. Leur relation père-fils me font chaud au cœur. Ensuite, le père fait une blague sexuelle sur le fils et sa petite amie et me lance un regard sournois. Ce que je trouve déplacé, d'autant plus qu'il enrichi la plaisanterie d'un souvenir personnel avec sa femme à l'époque. Le fils est gêné. Les enfants adultes ressentent une sorte de gêne envers leurs parents, en ce qui concerne la sexualité, comme je l'ai souvent remarqué. Ce n'est pas non plus un sujet à soulever pendant le repas, semble penser le fils. Et je trouve insipide d'aérer ses habitudes sexuelles devant ses enfants et moi. Au cours de mon séjour, ce sujet fera son apparition plusieurs fois au cours de la conversation, notamment en présence de son fils. Et une fois même une situation intime entre sa mère et son amant. Veut-il attirer l'attention, surtout la mienne, sur son attitude sexuelle détendue? Veut-il prétendre être « cool »? Il m'a déjà suffisamment fait part d'informations confidentielles. Ses enfants n'apprécient pas particulièrement. Ils sont silencieux et ont l'air plutôt gênés. Je regarde distraitement par la fenêtre d´une expression ennuyée.

Le fils nous quitte peu de temps après la plaisanterie insipide.

Je parle à Pierre-François de mon livre que je traduis en français. En même temps, je lui demande de m´aider avec la ponctuation, l'orthographe et la grammaire. Comme je n'ai pas utilisé le français dans la vie de tous les jours depuis l'âge de 18 ans, je ne suis plus compétente et donc les langues étrangères influencent quelquefois mon français. Ce serait une bonne chose si nous pouvions aborder un tel projet pendant mon séjour. Pierre-François était professeur de français, il a donc d´excellentes qualifications pour corriger mon texte. Après quelques corrections, il se met en colère et critique avec véhémence mon texte. « Il s'agit de la langue, pas du contenu: c'est la différence », j'insiste. « Je suis reconnaissante pour toute amélioration et je te remercie de tes connaissances qualifiées. Mais c'est moi qui porte la responsabilité pour le contenu. » Nous avons à peine avancé quelques pages lorsqu'il s'exprime de façon très sarcastique sur les thèmes de mon livre. « Nous ne pouvons pas non plus trouver de dénominateur commun ici. Donc pas besoin de continuer ! » Je conclu en fermant le livre. Je récupère mes stylos et crayons et je lui souhaite une bonne nuit.

Dans ces conditions, c'est encore mieux si la soirée en commun s'arrête là. Je monte dans ma chambre.

Puisqu'il est si tôt, je n'arrive pas à m'endormir. Je m'allonge, profondément détendue, les yeux ouverts sur le dos. Le chat qui se trouve le long de ma jambe droite commence à miauler d'une manière étrange. Délicatement mais avec une certaine force. « Qu'est-ce qui se passe maintenant? » Je demande doucement. La réponse me regarde. C'est comme si je pouvais voir à travers le toit et rencontrer immédiatement le regard de Bella. Oui, c'est exactement cela. Le chat ronronne. L'animal reconnaît sa maîtresse. C'est clair. Heureusement que je suis déjà allongée, sinon je m'écroulerais. Je ne peux pas m'enfoncer très profondément de toute façon car le matelas est particulièrement mince. J'ai peur et je pense: « Maintenant, la partenaire décédée vient régler ses comptes avec moi. » Elle me sourit de nouveau comme cet après-midi avec cette expression indéfinissable, mi-amicale, mi-déformée.

« Bella, je te promets que je n'ai aucun intérêt pour ton mari. Je suis ici pour des raisons spirituelles » J'anticipe dès le début.

«Tant mieux », dit-elle, ce qui renforce mon étrange sentiment. « Il n'est pas à toi et ne le sera jamais », poursuit-elle. Maintenant, je me sens vraiment mal à l'aise.

« Que puis-je faire pour toi? Nous ne sommes pas rivales. Puis-je t´être agréable d´une manière ou d´une autre? »

« Oui, certainement. Mais laisse-le tranquille. »

«Il ne m'intéresse d´ aucune façon. Pas même d'un point de vue spirituel. De toute façon je pars dans quelques jours et ce sera fini.

Bella ne semble pas particulièrement convaincu.

Tout est ridicule pour moi ici. Non seulement je me bats tout le temps avec le gars, mais je dois encore me justifier auprès de l'amie décédée. Dieu merci, mon tempérament de feu me vient à la rescousse. Non, aucune justification.

« Bella, tu es décédée il y a trois ans, non? »

« Je ne sais pas. »

« Mais moi, je le sais! Et je sais aussi que tu dois continuer ton chemin et ne pas planer éternellement sur la maison. Tu comprends? »

« Oui, je comprends, mais j'ai toujours tellement mal. Et mon amant veut me garder avec lui. »

Non, ce n'est pas vrai, je ne suis pas d´accord. Il a eu plusieurs femmes depuis que tu es partie, ou du moins c'est ce qu'il me dit. Cependant, je garde cette considération pour moi, car je ne veux pas de dispute avec son ex, maintenant décédée.

« Bella, il est temps pour toi d´aller de l´avant vers la lumière. Tu dois maîtriser tes nouvelles tâches dans la dimension où tu habites maintenant. Puis-je t´ aider? »

« Oui, oui. S'il te plaît, aide-moi! Enlève-moi la douleur. »

« Oui, volontiers. De plus, je vais te montrer le chemin où ton nouveau refuge se trouve, d'accord? »

Il y a un moment de silence. Pour une raison quelconque, elle ne me répond pas. Il y a une question dans ma conscience que je lui pose directement.

« Pourquoi ton partenaire bien-aimé ne t´ aide-t-il pas? Pourquoi ne te conduit-il pas dans la lumière? C'est l'une de ses compétences, de ses spécialités. Ou un thème pour lequel il est particulièrement doué. Il a écrit tout un article à ce sujet, n'est-ce pas? »

« Oui, mais il ne peut pas. »

« Quoi, il ne peut pas? Je ne comprends pas! J'ai déjà appris qu'il ne peut pas faire certaines choses, mais il connaît la procédure d'accompagnement vers l'au-delà. Il l'a décrit dans cette excellente brochure. Son travail m´a inspiré à bien des reprises. »

« Il sait écrire, mais ne peut pas faire le travail. »

« Bella, quelle est cette histoire? C´est à devenir dingue. » Je n´y comprends rien. Je ressens lentement la fatigue et maintenant je dois conduire son ancienne femme vers la lumière car elle pèse sur la maison depuis des années.

« Oui, mais je ne veux pas que tu te débarrasse de moi et que tu vives avec lui. Non, je reste là avec lui. Je ne veux pas qu'il prenne une autre femme de toute façon, c´est pourquoi toutes celles qu'il avait après moi était si bizarres. Je suis son seul véritable amour. »

« Oui, tu l'es bien sûr. Tu es sa femme rêvée pour toujours et à jamais. Exactement, il me l'a dit. Mais maintenant tu mènes ta vie dans l'au-delà et lui, il est là. À un moment donné, vous vous revoyez et vous pouvez à nouveau tomber amoureux. »

« Non, je ne te fais pas confiance. Tu le veux dès que je serai parti. »

Je suis épuisée. Elle aspire mes forces tout comme elle prive Pierre-François de vitalité. Maintenant, je dois faire face à la situation et y mettre fin proprement et rapidement. Je me lève et je dérange le chat en même temps. Ça n'a pas d'importance. Je suis impatiente et mon moi dynamique prend une autre tactique.

« Bella, j'élève ta vibration au niveau suivant et ensuite tu verras que tu vas beaucoup mieux. Ta douleur disparaîtra. Tu retrouveras ta beauté unique, tout comme sur la photo que ton amant m'a montrée. Allez, on va faire cela ensemble. »

« Oui, bien sûr. Mais il y a autre chose qui me retient ici. Quelque chose qui rend mon destin très difficile. »

Bella se met à pleurer. Je n'avais jamais vu une personne de l'au-delà pleurer aussi abondamment. Je l´ enveloppe de sécurité et d'amour. J'essaie de soulager sa douleur mentale.

« Oh, tu es si gentille avec moi », dit-elle, soulagée.

Tout va tellement lentement. Elle est si fermement attachée au niveau terrestre, à sa souffrance physique et émotionnelle, à son amour possessif. Je dois définitivement mettre mon impatience de côté.

« Dis-moi, s'il te plaît Bella, quelle est ta préoccupation! »

« C'est impardonnable mais je n'ai pas pu m'en empêcher. »

« Qu'est-ce qui est si mauvais, dis-moi, s'il te plaît. Le fait de parler, d´énoncer les faits te soulagera. Après cela, tu pourras continuer sur le chemin de la rédemption avec un cœur léger. Je vais t´ aider à accéder à ce niveau. »

« Non, c'est vraiment terrible! Tu vas penser que je suis une « vaurien », une malfamée! »

« Je ne suis pas là pour juger. Je ne suis pas non plus une sainte. Nous sommes des femmes incarnées qui ont fait des erreurs dans leur développement. Nous nous efforçons d'en tirer des leçons pour devenir plus sage, plus aimante, plus véridique, plus libre. N'est-ce pas? »

« Mais ce que j'ai fait est inexcusable. Toutefois, je ne pouvais pas m´empêcher et lutter contre cet amour irrésistible. J'étais magiquement attirée dans son orbite et je n'ai pu aucunement résister. Cette relation devait être, mais en même temps elle a détruit une autre vie. »

J'ai maintenant une idée de ce qui la tient captive sur le plan terrestre.

« Ton refus d'avancer sur ton chemin est un grand obstacle et encore plus important que ce dont tu t´ accuses. Je veux que tu me donnes la raison pour laquelle tu es coincée, par la télépathie. Tu n´as donc pas à le prononcer si c'est trop dur pour toi. »

« Tu es télépathique? » Elle essaie de gagner du temps.

« Je suis télépathique, empathique et je ne sais quoi de plus!! Et maintenant, nous continuons sans jugement et sans perdre de temps. J'ai accompagné tant de vies ici et au-delà que j'ai depuis longtemps cessé de comparer et de juger. J'essaie de comprendre et de reconnaître les schémas. Rien de plus. Je sais de quoi il s'agit de toute façon. Rappelle-toi, penses-y ou prononce ce dont il s'agit, s'il te plaît! Cette étape sera libératrice pour toi, au lieu de la réprimer ou de la refouler»

Les va-et-vient continuent pendant un certain temps jusqu'à ce que je sois complètement énervée et prête à tout lâcher.

« Ok, tu refuses de participer et c'est ton affaire, ton destin, ton karma. Maintenant, je veux dormir. Je serai partie dans quelques jours. Et cette histoire n'a plus rien à voir avec moi. Le schizophrène, la fille qui est victime, le type macho, le jardin, la maison, le chat, le fils. Vous pouvez tous vivre vos drames éternellement. Je ne suis pas venue ici pour guérir ou sauver cette famille folle. Est-ce clair?

« Je comprends. Je vais te confier le fait qui me retient ici sur Terre » Mon élan d'impatience secoue Bella et l'active à révéler son secret.

« Alors, s'il te plait, fais-le! Ta participation est nécessaire. Je peux t' accompagner mais je ne peux pas prendre ton karma ou le résoudre pour toi. »

« Oui, bien sûr. Je sais tout ça. J'ai partagé le contenu des livres avec Pierre-François et avec ma sœur. Nous avons canalisé les informations pour lui. »

« Quoi! » Je sursaute. C'est comme si je me vidais de mon sang et je pâlis. C'est du moins mon impression subjective. Je me perçois semblable à un fantôme, tout comme Bella. Mon Moi Supérieur est là et régit mes réactions organiques. Mon pouls bat excessivement, mais je prends un grand inspire et je pense à l'avenir. Mon intellect fonctionne à nouveau. C´est tout à fait plausible. Pierre-François a cessé d'écrire il y a trois ou quatre ans, au moment où Bella est tombé malade.

« Oui, mais Bella, ce n'est pas pourquoi tu es attachée au plan terrestre. C'est une question interpersonnelle. Et elle a à voir avec ta sœur. Je te demande de partager ton inquiétude avec moi, textuellement ou par télépathie », j'ajoute, en espérant la replacer dans le contexte de notre échange.

« Hum. Comment faites-vous cela par télépathie? »

« S'il te plait, concentre-toi mentalement. »

« Je ne peux pas. C'est trop terrible. Je me sens tellement coupable. Je me déteste pour ça, mais je ne pouvais pas m'en empêcher. C'était comme s'il m'obligeait en quelque sorte à écouter. Je n'ai pas pu résister, son pouvoir sur moi était si grand. »

« Je sais. » Je soulage la pression sur le corps astral de Bella.

« Ça fait du bien. Maintenant, je peux endurer la douleur, pas seulement la mienne, mais la douleur que j'ai causée à ma sœur. J'ai volé le mari de ma sœur ... Puis il est devenu mon amant, l'homme de ma vie. Et je suis la femme de sa vie. C´est ainsi que cela devait être. »

Bella se tord de douleur mentale et physique. Elle se condamne. C'est donc un dilemme. De son point de vue, il n'y a pas d'issue.

Et elle doit payer pour le bonheur qu'elle a eu avec Pierre-François.

Je lui fais part de cette analyse résumée. Elle arrête de pleurer, me regarde avec des yeux clairs.

« S'il te plaît, aide-moi! »

« Tout de suite! Mais j'ai une petite question: a-t-il pratiqué la magie amoureuse? »

« Bien sûr, et il a fait beaucoup d'argent avec ce truc ensorcelé. Cela s'appelle la réunification amoureuse. Ses rituels ont un effet irrésistible », ajoute Bella.

L'effet n'est pas perceptible pour moi, je garde cette pensée pour moi.

« Et beaucoup d'attaches karmiques ... Cette activité n'est pas recommandée », je partage mon avis. « Merci pour ces informations, elles sont cruciales pour moi, car là je peux commencer mon travail et te libérer de ce qui entrave ton libre arbitre. »

Il m'est possible de l'aider, seulement à partir du moment où elle confronte et accepte son histoire. Je clarifie ses corps subtils et lui ouvre la voie. Bien sûr, je ne fais que l'accompagner et la guider: sa coopération, son consentement et sa contribution sont essentiels.

De manière tout à fait inattendue, le processus ralentit lorsque tout se passe si bien.

« Qu'est-ce qui te retient maintenant, Bella? » Je veux savoir.

« Mais, dis-moi, tu étais son amant, n'est-ce pas? Admets-le, dis la vérité! »

Son beau charisme éthéré est devenu trouble et déformé à nouveau. Mes pouvoirs diminuent. Je dois lui donner un dernier coup de pouce, sinon tous les efforts de ce soir seront en vain.

« Oui, Bella! Bien sûr! Mais c'était il y a 5000 ans et depuis, c'est fini, complètement terminé. Cela fait presque une semaine que j'essaie de faire comprendre à tout le monde que je ne veux rien de cet homme. N'as-tu pas remarqué cela, alors que tu planes au-dessus de la maison pour surveiller tout le temps? Et maintenant, je te prie de continuer. Tu es l´ amour unique de sa vie. Suis ton chemin vers la luminosité immédiatement. Je t´accompagne au nom de ton âme libérée et au nom du salut celle de Pierre-François. »

Je travaille continuellement avec les énergies depuis un certain temps. L'ambiance est maintenant calme. Les étoiles brillent à travers la fenêtre du toit. Je laisse la paix de la nuit me porter dans la dimension où je reçois la purification et la régénération durant mon sommeil.

C'est l´ intention avec laquelle je m'endors. Mais la nuit sera très différente.

CINQUIÈME JOUR

Compliments et piqûres d'insectes. Visite chez Jeanne. Les lieux de puissance

Le cinquième jour commence par une transformation surprenante.

Mon hôte est très sympathique ce matin et me fait plein de compliments. Il parle à sa fille en ma présence et me décrit à la troisième personne, comme une personne très instruite avec des connaissances fort spécialisées et des expériences spirituelles particulièrement profondes. J'ai des compétences très spéciales et je suis beaucoup trop modeste. On peut voir que j'avais travaillé très soigneusement sur moi-même et que j'avais taillé mon diamant intérieur et ainsi de suite.

Très bien, je pense, mais cette conversation inattendue ne me paraît pas authentique. Pourquoi Pierre-François ne me parle-t-il pas directement? Je suis présente. C'est du théâtre, me semble-t-il? Au cours des derniers jours, il avait dit que je sous-estimais mes capacités, mais en général, ses remarques sur un ton légèrement méprisant étaient plutôt à l'encontre de mon comportement prude. Nous sommes ici sur terre pour profiter de la vie. Il s'agit de savourer pleinement le moment présent. La question de savoir si j'étais mariée était l'une des questions qui indique sous quel aspect il me considère : comme une vieille tante plutôt coincée. Je suis restée très vague et distante.

Et je suis encore plus distante ce matin, avec cette accumulation de compliments artificiels. Je me tais et affiche un sourire énigmatique. Surtout, je me demande combien de temps il a dédié à cette flatterie. Il continue ses éloges et ses compliments. Je commence à rire à l'intérieur et me demande: « Que veut-il au juste? Me fourrer dans son lit de cette façon? Pourquoi ce tour? » L'ego a décelé le jeu et ne se laisse même pas gonfler.

Son discours est comme une distraction , une idée qui détourne de l'essentiel, juste au moment où je veux lui faire part de nouvelles désagréables. Je ne mentionnerai pas le traitement de Bella, mais un autre événement a eu lieu.

Parce que la dernière nuit a été particulièrement agitée. Je n'ai pas connu de nuits blanches comme celle-ci depuis longtemps. Non, l'insomnie n'est pas due à ma couche inconfortable ou à la porte entrouverte de la chambre. Non, je n'avais pas particulièrement chaud. Mais ce n'était pas pour ça que je n'arrivais pas à trouver le sommeil. Pas même ma rencontre avec Bella. Jusqu'à présent, le facteur perturbateur est une situation unique pour moi. Encore une première dans ce séjour extraordinaire.

J'ai été réveillé par des piqûres d'insectes, je soupçonne des puces. Et j'espère que ce n'est rien de pire tel que des punaises de lit ou quelque chose comme ça. En fait, c'est une toute nouvelle expérience pour moi car je ne connais pas les piqûres d'insectes. Bien que j'habite souvent chez des amis, des connaissances, des étrangers et dans des hôtels ou des maisons d'hôtes, je n'ai jamais attrapé une telle gratouille. Je n'ai jamais eu de poux, puces ou autres piqûres d'insectes à l'exception des moustiques. Pratiquement toute la nuit de haut en bas, sauf sur le visage, c'est fou, non ?

« De quel type de piqûres s'agit-il? Ça arrive souvent dans cette maison? Les insectes sont-ils dans le matelas? Ou ailleurs dans la pièce? La chambre n'est pas particulièrement propre, elle est très poussiéreuse. Ai-je réveillé et activé une bête quelconque de son sommeil profond? Ces piqûres sont-elles contagieuses? As-tu un remède pour ce genre de choses? » Je demande à Pierre-François.

Telles sont les questions qui interrompent la vague de compliments assez brusquement. Le ton change, la vibration s'affaisse dans la pièce, sa fille nous quitte, les traits du visage se durcissent. Mon regard devient interrogateur et persiste avec une certaine fermeté, car je veux l'affronter et mettre fin aux bêtises. Son regard vagabonde et il évite ma direction. Le langage corporel change d'une manière remarquable et je visualise la courte section d'un film dans lequel un combat de coqs s'apprête. Je suis le petit coq, vraiment en forme et prêt à combattre. Mon homologue est tout aussi grand mais plus large d'envergure, pas aussi en forme et manquant de sûreté, mais sa crête est beaucoup plus représentative que la mienne. Comme dans un film, la fin du combat, qui peut être vraiment cruel et mortel dans certaines circonstances, n'est pas montrée. Nous avons des mots pour cela. « Eh bien, tu auras un souvenir de Normandie à emporter ! » répond-il sarcastiquement. Encore une fois, je ne trouve pas de mot tellement le niveau de la réponse est bas. Ce n'est qu'alors que mon protagoniste ose me regarder comme s'il avait remporté une victoire. Non, je ne vais pas me laisser abattre. Je dis clairement et sans équivoque: « Je n'ai jamais rien vécu de tel, même si je voyage beaucoup et dans des endroits très différents ... » Il m'interrompt: « Ça vient du chat. Ce sont les puces du chat et elles sont totalement inoffensives pour l'homme ».

Tel est son diagnostic. Ma famille et mes amis ont des chats et des chiens. Souvent ils aiment dormir avec moi. Oui, je sais que ce n'est pas hygiénique, mais c'est tellement bénéfique et apaisant pour les humains et les animaux, car tous deux font le plein de magnétisme. Cependant, comme je l'ai dit, je n'ai jamais été mordue par des insectes de telle manière. Le chat est examiné en conséquence et passé au peigne par son maître. On ne trouve rien dans sa fourrure. Puis Pierre-François s'empare de l'aspirateur et nettoie rapidement et avec désinvolture la surface principale de la pièce sans aller dans les coins ou déplacer les meubles. Puis il me fixe comme un héros, tenant l'aspirateur ainsi que l´arme bénie qui m'aurait sauvée. En fait, je pourrais rouler sur ce sol maintenant en éclatant de rire! Je ne veux pas me mettre en colère, mais je ne peux retenir la pensée suivante: « Tu aurais pu faire juste ça avant mon arrivée, non? » Oui, il fait de son mieux, je suppose.

Sinon, je suis tellement gâtée de connaitre des gens aussi merveilleux et propres. Je suis profondément reconnaissante à tous ceux qui me reçoivent si généreusement, avec amour, ordre et propreté. C'est un peu différent ici. En gros, mon hôte s'attendait à ce que je tombe amoureuse dès mon arrivée et que je me glisse tout de suite dans son lit. Pourquoi nettoyer la petite pièce et préparer le lit? Mais j'ai insisté pour confirmer la promesse « Tu auras ta propre chambre » au téléphone.

J'ai soigné les piqûres d'insectes plusieurs fois par jour avec des lavages au vinaigre de cidre de pomme biologique. Le vinaigre est un merveilleux antibiotique fermenté doté de nombreuses propriétés spéciales pour la santé interne et externe. Ça pue un peu. Tous ceux qui me connaissent savent que j'ai un nez fin et une prédilection pour les huiles essentielles et les parfums. Mais seul Pierre-François a l'honneur de « me connaître avec le parfum vinaigre ». Peut-être que mon nouveau parfum le maintiendra à distance !

L'après-midi nous nous rendons chez une collègue malade de Pierre-François. Il lui rend visite régulièrement pour lui faire ses courses ou pour l'emmener au magasin ou à la banque, selon ce que son état de santé permet. En fait, elle est très malade et me rappelle les personnes en fin de vie que je soignais en tant qu' infirmière. Comme je le perçois dans son aura, sa force vitale est très faible et sa force physique ne peut que se limiter à quelques mois.

Jeanne souffre d'une maladie terminale et ne peut plus être opérée. Elle est sous morphine qu'elle reçoit par perfusion. Elle a décidé d'être soignée à la maison et elle a la visite de l'infirmière communale quatre fois par semaine. Elle vient dans une heure, donc Pierre-François et Jeanne veulent faire leurs courses rapidement pour être de retour dans les temps. Je reste dans l'appartement de Jeanne car il n'y a que deux places dans la voiture.

À leur retour des boutiques, Jeanne est complètement épuisée. Elle ne peut plus maintenir la bonne humeur qu'elle affichait avant les commissions. Elle a des douleurs et exige ceci et cela rapidement et avec impatience. Je ressens son malaise. Je suis vraiment désolée pour elle. Pour être honnête, je ne m'attendais pas à ce qu'elle aille faire du shopping et j'ai été étonnée de voir les deux partir si rapidement. Apparemment, elle a surestimé ses forces.

Jeanne est maintenant de retour au lit, à moitié assise dans une position légèrement oblique. Cette posture est la plus confortable pour elle. Elle me demande quand nous nous reverrons la prochaine fois. La question me donne presque le vertige. Elle insiste ensuite pour que je lui raconte une histoire. « Dis-moi où nous nous reverrons. Tu as des compétences spéciales. Moi aussi, j'avais des capacités. Alors, dis-moi, comment ça va continuer pour moi et quand nous reverrons-nous? » Au début, je n'arrive pas à prononcer un mot. Une partie d'elle sait très bien qu'elle n'a pas longtemps à vivre. C'est pourquoi elle a été envoyée à la maison, pour mourir chez elle. Un autre aspect de sa personnalité ne peut pas l'accepter et tente d'échapper à la situation.

Je me tourne vers ma sagesse intérieure et demande de l'aide. Une histoire très spéciale me vient à l'esprit. Une histoire vraie et vécue. J'essaie de repousser cette proposition. Non, je ne peux pas raconter cela! Impossible. Mais rien d'autre ne me vient à l'esprit. Je n'ai que cet événement en tête, que je perçois clairement avec mon troisième œil. Je m'entends parler avant d'avoir pris une décision consciente de le faire. En effet, je dois absolument raconter ce récit: il est dédié à la fois à Jeanne et à Pierre-François. C'est une histoire personnelle. Tiraillés entre les différents niveaux de perceptions, les pensées, les images et les mots se confondent et veulent être contés.

Il y a de nombreuses années, avant de comprendre consciemment que j'avais le don de percevoir l'énergie des mourants pendant et après la transition, mon ancien médecin de famille m'a rendu visite. Cet après-midi-là, j'étais assise à l'arrière de ma boutique. Je me battais avec la comptabilité et comme souvent le résultat de l'addition était faux. C'était un fléau pour moi à chaque fois. J'étais accablée, ennuyée, épuisée. Je fis une pause en tentant de me détendre. Je ferme les yeux. Soudain, mon médecin d'enfance est là. Il connaît quatre générations de notre famille. Je me souviens combien il était juste et bon. Il avait une grande autorité naturelle et était très apprécié et respecté de tous. Il m'aimait beaucoup. Il pensait que j'étais une enfant spéciale et a fait toutes sortes d'exceptions pour moi. Entre-autre, il ne m'a pas vaccinée.

Bien que je n'aie pas pensé à lui depuis des décennies, il oscille maintenant entre la vie et la mort devant moi. C´est ce que je perçois avec mon troisième œil. Je le vois aller et venir entre les deux niveaux. Mais il n'est pas encore temps pour lui de traverser le pont vers l´au-delà, dit-il. J'appelle son nom à haute voix et il me regarde avec des yeux aimants avant que la scène ne se dissolve progressivement.

Cette histoire a un effet durable sur moi. Cette rencontre avant de faire le passage m'a profondément impressionnée et a soulevé de nombreuses questions. Je ne savais pas à ce moment-là que j'étais une « death walker », une « accompagnatrice vers la mort». Ce terme anglais s'applique aux personnes qui possèdent la capacité innée d´ accompagner les âmes vers et au-delà du seuil de la mort. Elles peuvent voyager dans les deux sens au-delà de la dimension terrestre tout en étant encore en vie.

Cette partie de l'histoire est dédiée à Jeanne. Je la regarde avec attention. A-t-elle compris le message? Si elle le souhaite, elle peut me contacter lorsqu'elle sera prête. Nous nous reverrons là-bas et je l'aiderai sur son chemin. Elle s'enfonça paisiblement dans son lit. Elle ressemble à un enfant fasciné par l'histoire sans savoir exactement de quoi il s'agit. Ma voix, mon sourire, mon empathie et l´espoir contenu dans le récit, la bercent dans une profonde relaxation.

Revenons maintenant à l'histoire, car elle continue: Dr. B. est la seule personne que j'ai connue dans cet état errant entre la vie et la mort. Tous ceux qui m'ont rendu visite sont passés assez vite et sont venus me faire leurs adieux. Je voulais clarifier et comprendre cette particularité. Avec cette idée en tête, je contacte ma grand-mère qui est toujours en vie.

« Sais-tu si Dr. B. vit encore », je lui demande au téléphone.

« Oui, bien sûr. Il ne pratique plus parce qu'il est maintenant bien âgé, mais il rend occasionnellement visite à quelques patients à domicile », dit-elle.

« As-tu son adresse? J´aimerais lui écrire une lettre. »

Il y a un peu d'agitation, un peu de stress en arrière-plan. Ma grand-mère serait tout à fait capable de se rendre dans son cabinet, mais elle ne se souvient pas immédiatement de son adresse.

Donc Dr B. est encore incarné sur le plan terrestre. Peut-être qu'il pourra me dire ce qui lui est arrivé afin que je comprenne son apparition devant mon troisième œil.

J'écris Dr. B. une lettre décrivant ma vision. Cela ne m´affecte aucunement s´il pense que je suis folle. Le sujet est trop essentiel pour moi pour prétendre taire cet événement et prétendre une fausse courtoisie.

Je veux absolument aborder cette question avec lui par écrit.

Peu de temps après, je reçois une réponse de sa part. Je reconnais la noble écriture qui était courante à l'époque. Mais son style d'écriture est nouveau, même surprenant, pour moi. Je suis étonnée de ses expressions à l'ancienne: il s'exprime comme mon mari ou un amoureux du 19eme siècle. Avec amour et bienveillance, mais d'une manière très formelle, il exprime l'immense joie qu'il a ressentie à la réception de ma lettre. Il m´écrit qu´il a souvent demandé comment j´allais au fil des décennies. Ma lettre l'a, affirme-t-il, profondément touché. Il était aussi impressionné que je l´ai accompagné dans cette phase particulièrement difficile. Et surtout, il exprime son amour inépuisable pour moi, combien il s´est senti intimement lié avec mon être dès mon enfance. Le tout est décrit dans un langage très élégant, avec beaucoup de respect pour cette merveilleuse femme que je suis. Je suis émue aux larmes et je suis soudain dans le corps de cette dame du 19e siècle qu'il aimait si passionnément. À cette époque, il était également mon médecin. J'étais une jeune femme mariée et il était tombé amoureux de moi. La tragédie se développait ainsi : malgré ses connaissances et ses capacités médicales et malgré son amour pour la jeune femme, il ne lui fût pas possible de la sauver de la maladie mortelle. Je suis morte dans ses bras. Je suis incapable de retenir mes larmes. Je n´avais aucune idée de tout cela en tant qu´enfant: j'ai simplement profité de l'attention qu´il me portait et je n'ai pas vraiment compris, ce qu'il voulait dire quand il me considérait comme une enfant spéciale.

Nous sommes au téléphone. Dans cette conversation, nous parlons comme deux adultes au début du 21e siècle. Il dit que sa vie était en danger à cause de mauvais traitements que de jeunes collègues lui ont infligés. En effet, son âme a passé plusieurs jours à flotter entre la vie et la mort. Puis vient le moment où il revit sa vie entière, y compris le souvenir de ses jeunes années comme médecin de famille. En ce moment même, nos perceptions se croisent et il m'apparaît au fond de ma boutique ainsi que je l´ai décrit précédemment. En outre, il me raconte qu´il a fondé et dirigé la première association d'acupuncture en France. Il a fait de la méditation zen, il pratiquait le tai-chi et il a toujours su que j'avais des compétences. Énergétiques et subtiles. Je ne mentionne pas l'impression que la lettre m'avait faite et comment elle m'a projeté au 19e siècle. D'une manière ou d'une autre, nous sommes maintenant tous les deux complètement ancrés dans le siècle actuel. Nous prévoyons une rencontre la prochaine fois que je rendrai visite à ma grand-mère.

En effet, elle a lieu environ un an plus tard. Dr B. se joint à nous et s´assoit autour de la grande table vers la fin du repas partagé avec ma famille dans la maison de ma grand-mère. Il arrive pour le café. Je dirais presque qu'il n'a pas changé depuis mon souvenir d´enfance. Bien sûr, ceci est impossible car trente-cinq ans se sont écoulés depuis. Mais il fait partie des personnes qui paraissent être sans âge en raison de leur niveau de conscience et de leur mode de vie sain.

Nous sommes tous très formels les uns avec les autres. Ma famille a maintenu son grand respect pour Dr B.. La rencontre est un peu embarrassante pour moi: il n'y a aucune trace du lien amoureux de l´incarnation antécédente. Nous n´avons aucune occasion non plus de discuter de son expérience de l´au-delà, car tout le monde parle du passé, des changements, de sa santé. La magie de la vision d´antan a disparu. La magie évoquée par notre échange de lettres s'est évaporée. Le retour au XXe siècle, la réalité de notre relation médecin-membre de la famille, la normalité palpable, je dirais même la banalité de notre rencontre actuelle, la dissolution et le mystère des « vécus au-delà du temps et de l´espace » se frottent les uns aux autres dans un tendre conflit qui n´a pas de nom et que l´on ne peut même pas prononcer. Une trace de mélancolie, un soupçon d'attentes étonnées, un désir insatisfait du cœur, un arrière-goût doux-amer remplissent l'espace vide entre nos regards. J'analyse brièvement la situation et pense prosaïquement: « Cette histoire d'amour est maintenant terminée. »

Après un court instant, le Dr B. veut se retirer. Il est très âgé et se fatigue vite. Tout le monde dit au revoir avec de grands remerciements. Quand c'est mon tour, il se tient devant moi, me serre très chaleureusement dans ses bras: « Je me permets de te faire un câlin, je suis ton vieux docteur », dit-il à mon grand étonnement. Il me chuchote à l'oreille: «Tu étais une enfant spéciale. Et tu es devenue une femme spéciale. »Puis il me fait un baiser sur la joue très retentissant, qui semble figer tout le monde dans le silence de l'adieu. Enfin ma grand-mère rompt le silence avec la même phrase qu'elle a souvent prononcée durant les derniers 45 ans: « Dr. B. a une affection très spéciale pour Aurélienne. »

Peut-être que cette histoire d'amour n'est pas encore terminée
...

Depuis, j'ai n´ai eu aucune nouvelle du Dr. B., et je n´en ai jamais demandé non plus. Depuis lors, le lien émotionnel avec mon médecin de famille semble s'être effacé. Ou repose-t-il dans les mondes intermédiaires, en attendant nos prochaines retrouvailles avec des souvenirs?

Néanmoins, les deux visions.-.sa visite entre les mondes et celle déclenchée indirectement et inconsciemment en moi par sa lettre - gardent leur éclat et leur pouvoir émotionnel profond jusqu`à maintenant et de façon inchangée. Mais nous sont désormais autonomes. Nous avons traité cette liaison. Et les souvenirs positifs qui en découlent, nous laissent tous les deux libres de nous retrouver dans une future incarnation ou non. Même si une relation proche en naissait, la charge émotionnelle n'est pas obligatoire, et un lien à un niveau plus mature, plus mental, intellectuel ou même spirituel peut se développer cette fois-ci. Par exemple, il serait possible que l'épanouissement complet soit généré par l'inspiration mutuelle et le service complémentaire voué à une tâche commune. L'affinité peut continuer d'exister sans être amoureuse.

Les récits de personnes qui ont eu une relation intense dans des incarnations précédentes ne sont pas rare de nos jours. J'ai plusieurs clientes qui ont rencontré un homme qu'elles sont certaines avoir connu auparavant. Ce sentiment est partagé avec passion par les deux partenaires et témoigne d´un accord et d´une réciprocité étonnante, principalement dans un environnement de rencontres commun comme au travail, dans un magasin ou dans un endroit où ils vont régulièrement. Il s'agit souvent d'une personne qu'elles n'avaient pas remarquée auparavant ou avec qui elles partageaient une tâche quotidienne ou autre déjà depuis quelques temps. Je décris la constellation d'un point de vue féminin, car ce sont souvent les femmes qui le rapportent. Des personnes qui, autrement, suivent des principes moraux stricts tombent éperdument amoureuses d'un collègue de travail. Des femmes qui mettent fondamentalement leur famille au premier plan, qui ne tromperaient jamais leur mari et ne séduiraient jamais un homme marié. Des femmes de familles humbles et « comme il faut » avec leur mari et leurs enfants. Soudainement, elles sont obsédées par l´ homme convoité. Dans la majorité des cas, ils se voient régulièrement dans un cadre professionnel et au quotidien. Et donc toute la vie est bouleversée. Leur lien avec le Moi Supérieur, le fort intérieur ainsi que l´ aspect contrôleur intériorisé laissent place à une passion éblouissante et inouïe. Toutes leurs pensées tournent autour du nouveau partenaire. Des considérations raisonnables existent toutefois. En effet, la plupart du temps, elles ne jettent pas leurs 25 ans de mariage par-dessus bord. Peut-être manquent-elles de courage. Cependant, elles ont besoin d'une confirmation de la réciprocité de cet amour. Car l'homme en question ne semble jamais avoir de temps pour elle et il rentre fidèlement vers sa femme tous les soirs après son emploi. Voici un autre exemple:

le patron, le propriétaire de l'entreprise, qui, bien que divorcé et donc libre, doit être très respectueux de son environnement et de sa réputation. Bref, il semble y avoir une inhibition qui empêche une rencontre passionnée. Parfois, il y a seulement et uniquement l'échange d'un baiser. Mais la relation stagne. Le désir insatisfait, cependant, persiste dans l'espoir que l'homme convoité finira par faire une proposition. Cette situation peut durer plusieurs années sans s'accentuer plus précisément. D'une part, les femmes sont convaincues de l'amour mutuel et intensif, d'autre part elles me consultent pour une clarification. Elles cherchent la confirmation que l'homme pense à elles, par exemple, qu'il ressent les mêmes sentiments réciproques qu'elles, ou qu'un jour, quand les difficultés seront surmontées, ils seront réunis. Lorsque je pose des questions concrètes et pratiques sur la situation des familles actuelles et sur la manière réaliste dont elles géreraient les enfants, le mari et l'amoureux, elles n'ont aucune proposition palpable. Si jamais l'invitation de l'homme convoité ne se produit pas, je suggère qu'elles activent elles-mêmes la situation: vous ne pouvez pas attendre indéfiniment, parfois il faut donner un coup de pouce à la balle pour la faire rouler. Et surtout, il se pourrait que cette action déclenche une réponse claire: un non ou un oui, qui pourrait clarifier une fois pour toutes cette situation enchevêtrée. Bien sûr il s'agirait d'une anticipation agile, mais même alors, les femmes refusent de donner une impulsion. Sauf dans le cas où la femme a effectivement quitté sa famille (et est ensuite retournée vers son mari), je vois ici plutôt un mécanisme de projection puissant. Cela a une fonction importante: à savoir, la rencontre ajoute la passion à une vie fade qui est généralement dominée par le devoir et la raison. Cet amour irraisonnable est une révélation sans précédent en comparaison de ce qu'elles ont vécu jusqu'à présent. En conséquence, ces personnes découvrent des aspects complètement nouveaux de leur personnalité et se rapproche de leur essence grâce au corps émotionnel activé. D'après ma perception clairvoyante, cet amour fort est basé sur une relation vécue ou convoitée dans une vie passée. Par conséquent, une attraction mutuelle foudroyante est inévitable. En fait, les partenaires se connaissent au niveau de l'âme et ont connu l'amour frustré, interdit ou bien un mariage dans une incarnation précédente. Ils sont dotés de souvenirs et d'émotions chargés et intenses. Même s'ils sont forts et mouvants, ils ne sont en aucun cas la preuve que cette relation doit être ravivée et vécue à nouveau dans cette vie. En outre, cette situation inattendue donne une impulsion pour prendre une décision mûre à l'issue de ce conflit. Par décision mûre, j'entends faire un choix qui se situe au-delà de la satisfaction du désir émotionnel et de la satisfaction de l'ego et des pulsions. La plupart du temps, cette rencontre magique comporte également une découverte de l'aspect refoulé ou sombre de la personnalité, qui s'accompagne d'une diversification et d'une intensification du monde intérieur des sentiments. En effet, la femme désireuse est appelée à une décision supérieure qui transcende l'acte d'équilibre entre mariage, loyauté et ressenti amoureux.

Le dilemme paraît insurmontable et coûte beaucoup de force pour résister aux anciennes coutumes. La réponse doit être exprimée au-delà des habitudes familiales et de la dévotion à l'être aimé. De ce fait naît une solution qui n'est ni noire ni blanche, mais le résultat de la connexion nouvellement acquise à la sagesse intérieure. La cliente découvre qu'il ne s'agit pas de se décider en faveur de l'un ou de l'autre, mais pour soi-même. Et ceci, aussi dans le cas où le prix semble fort élevé, comme surgit d'un écartèlement des aspirations. Mais surtout, elle découvre maintenant ses souhaits, sa vision, qu'elle met ensuite en œuvre dans le cadre actuel existant. En fin de compte et dans le meilleur des cas, elle se reste fidèle et elle devient indépendante des événements externes.

Parfois, il se peut que la femme qui pensait trouver en moi la confirmation de ses souhaits, comme chez la diseuse de bonne aventure, soit déçue de ma réponse véridique. Mais je ne suis pas une diseuse de bonne aventure et je dois fournir uniquement des réponses authentiques, pour des raisons éthiques. Des réponses qui aident à comprendre la situation enchevêtrée et à comprendre les mécanismes existants. Je suis heureuse d'apporter aide, éclaircissement, compassion et conseils mais ces dames doivent finalement prendre les décisions elles-mêmes.

Revenons à mon hôte: je n'exclus pas qu'il souffre d'une déception similaire connectée à nos connaissances précédentes. Néanmoins, cette fois-ci est différente entre nous. De plus, je soupçonne des raisons très pratiques pour lesquelles il ne veut pas continuer à être célibataire. Non seulement la solitude est difficile à supporter, mais à lui tout seul, il est incapable de trouver la motivation nécessaire pour gérer sa vie avec le jardin et les tâches quotidiennes. Et il cherche la partenaire qui conviendrait déjà depuis longtemps c´est à dire depuis le décès de Bella il a trois ans.

Je suis donc assise près du lit de Jeanne et en racontant ce récit, je me rends compte que la deuxième partie est dédiée à Pierre-François. Il s'agit de mettre fin à un lien émotionnel. Je le regarde avec des yeux perçants. Le tout lui semble gênant et il détourne le regard vers le lit de Jeanne. Au même moment, l'infirmière arrive et nous faisons nos adieux à la malade.

Nous sommes assis silencieusement dans la voiture. Puis mon chauffeur me fait part de sa réponse à la demande de Jeanne. En effet, elle l´avait également prié de lui donner un message il y a quelques mois lui indiquant la suite des évènements dans sa vie. Sa réponse consiste à lui demander ce qu'elle veut pour Noël. « Ah, c´est une bonne idée », dis-je - alors qu'il n´est pas évident qu´elle sera encore parmi nous. Par contre, il ne fait aucun commentaire sur ma longue histoire. Il oriente la conversation vers une observation qu'il a faite sur une réaction de Jeanne. Il aurait ressenti une profonde jalousie de Jeanne envers moi. Il explique qu´il est capable de percevoir de telles choses. Il remarque des choses que les autres ne ressentent pas ou ne voient pas. J'insiste sur le fait que Jeanne est malade, très gravement malade, et qu'un tel sentiment pourrait être compréhensible. Je suis plus âgée qu'elle et je fais étalage de mes forces. « Non », répond-il, « sa jalousie est liée à ta proximité avec moi, car tu es beaucoup plus proche de moi, qu'elle ne l'a jamais été. » Je plisse les yeux et j´avale mon étonnement. Qu'est-ce que ce gars imagine? Une illusion sans borne. Je n´arrive pas à croire ce que j´entends. Après un laps de temps, je lui demande: « Es-tu sérieux? » Et puis nous arrivons aux hauts-lieux énergétiques.

J'avais en effet demandé à visiter des endroits énergétiques de la région. Le but de ma visite est une quête spirituelle que je comptais partager avec lui. Surtout parce qu'il est particulièrement bien informé et que la région est si riche en lieux hautement telluriques

Le soleil brille, le sol aussi: je ressens la vibration énergisante, rechargeante et nourrissante de la terre. « C'est le lieu Yang », explique Pierre-François. « Maintenant, je vais te montrer l´emplacement yin. J'ai amené tant de personnes dans ce lieu et je les ai introduit à de nouvelles voies au fil des décennies. Des endroits très spéciaux qui sont à peine connus », ajoute-t-il.

C´est maintenant que l´on peut le voir dans son élément. C'est ainsi que je le connais: en pratique, un bon professeur. Il est capable de souligner clairement et spécifiquement l'essentiel. Il est heureux de transmettre ses connaissances aux étudiants. J´en suis également très satisfaite. C'est enfin vraiment ce qui m´intéresse. J'exprime ma gratitude. Puis il s'approche trop près de moi et me chuchote à l'oreille: « C'est une très belle journée aujourd'hui ». Je recule instinctivement. Je deviens immédiatement plus sérieuse et distante. Si ma gaieté et ma légèreté sont mal interprétées, je dois montrer clairement mes limites. Ai-je à faire à une personne inconsidérée? « Ce que tu me montres ici, c´est ce qui m´intéresse C'est l'une des raisons de mon séjour ici. Je n'ai pas besoin de plus. » C´est le message de ma réponse vraiment irritée.

Nous continuons ensuite vers un autre endroit et vers une église au bord de la mer, qui a été construite sur un emplacement fortement électromagnétique. Le paysage est magnifique, l'ambiance entre nous est plus retenue. Cette fois, mon guide me montre des lieux rechargeant, mais aussi un endroit où la force sur le corps est clairement drainante.

De retour dans la voiture, nous roulons en silence pendant un moment. Puis il reprend son sujet préféré et raconte quelque chose sur sa sexualité. Juste une courte phrase. L'idiot est de retour, il n'a toujours pas compris que je ne suis pas un point de contact pour ses confidences sexuelles. Ce qu'il dit est une chose très spéciale à propos de son comportement héroïque au lit. Il gonfle sa masculinité battue en me racontant des choses intimes. Et il s'agit toujours de sa petite partie du corps surfaite. Je dis juste «malade» et je parle d'autre chose pour le distraire, comme on le fait avec les enfants pour qu'ils arrêtent de mendier des bonbons.

Il suit le slogan « Plutôt dire des bêtises que de partager le silence ensemble ». Soit dit en passant, cette attitude semble être très courante. Je me suis aussi souvent sentie sous pression de dire quelque chose, simplement pour bavarder. J´

y renonce maintenant. Pour moi, il est maintenant optimal de trouver quelqu'un avec qui je peux m'asseoir confortablement et tranquillement et apprécier un moment commun sans avoir l'envie ou l'obligation de faire du bruit avec ma bouche. Partager le silence ensemble et en toute confiance, s'abandonner à l'instant sans parole.

Puis Pierre-François me demande comment je suis devenue pranique et comment je maintiens la nourriture de lumière. Je lui explique en détail les méthodes que j'utilise, comment elles fonctionnent et comment je les ai adaptées à mes besoins personnels depuis un an et demi. Il écoute et pour une fois ne dit pas un mot. Je suis étonnée. « Tu n'émets pas un son. Tu es plus bavard d'habitude, n'est-ce pas? » Tant mieux s'il ne dit rien, car qui ne sait rien, n'a rien à dire. Ah si, il veut seulement ajouter que Jasmuheen en est morte. J'éclate de rire car Je l'ai vue sur Skype il y a quelques semaines et je viens de lire son dernier livre. « Regarde-moi: je suis en bonne santé, en forme, libre, flexible et réceptive grâce à la nourriture pranique! » Nous clôturons le sujet, car nous n'avons rien de commun là non plus. Il pense également que Guantanamo est fermé depuis longtemps. J'arrive de moins en moins à le prendre au sérieux. Je n'ai pas de télévision et je ne lis pas les médias officiels, mais je m'assure d'être bien informée.

Le soir, nous nous asseyons tranquillement, il est occupé avec sa collection comme d'habitude et moi avec les livres que j'ai choisis dans sa bibliothèque. Soudain, il m'attaque verbalement et parle négativement de la nourriture lumineuse et de mon état. «Rien ne fonctionne plus, il n'y a rien du tout, aucun intérêt pour tout ce qui pourrait être amusant. Mais l'homme est sur terre pour être heureux, pour jouir ». La conférence hédoniste est ensuite complétée par une litanie spirituelle sur l'amour. «Seul l'amour compte et l'amour ouvre le cœur et guérit tout. L'homme est mauvais en lui-même, tant qu'il n'a pas découvert l'amour » Pour moi aussi, °être porté par la présence divine, l'amour omniprésent et la lumière sont à la fois sine qua non et but de l'existence. Mais je trouve ce genre d'interprétation opportuniste, superficielle et hors de propos.

Comme je ne prends plus cette personne et ses expressions au sérieux, je le regarde sans me laisser impressionner. Il est juste frustré. Je suis apparemment la première femme qui ne réagit pas à ses manipulations, à sa réputation et qui ne succombe pas à son égo gonflé à bloc. C'est probablement ce qu'il voulait dire alors qu' il m'a chuchoté à l'oreille au début de mon séjour: « Je n'ai pas l'habitude d'attendre une femme très longtemps! » Sur un ton tout à fait intrusif et presque menaçant. J'espère que c'est la dernière fois qu'il se livre à ce jeu de non-respect des limites. « Les vieilles habitudes ont la vie dure », affirment les Anglais. Même quand les choses changent ! Les femmes sont devenues pointilleuses et insistent sur leur indépendance et leur auto-détermination. Pour beaucoup de celles qui mènent une vie épanouissante, une relation est valable à la seule condition qu'elle soit enrichissante, un plus pour la qualité de vie, et surtout tant que leur liberté et leur indépendance sont respectées.

Fondamentalement, il doit y avoir affinité entre les partenaires. Une femme n'est pas facile à avoir parce qu'elle est une femme. Il n'a même pas posé de questions sur ma vie privée, ni sur ma carrière professionnelle, mes projets d'avenir, mes obligations, mes souhaits, mes intérêts. Je vis dans une ville cosmopolite, comment me sentirais-je à la campagne sans les transports en commun?

Non, le pauvre homme dans son rôle de séducteur désespéré n'a qu'une vision restreinte. Il se comporte comme s´il avait un droit sur les femmes. Son excès d´ego oblitère tout ce qui ne rentre pas dans son conte de fées. Il ignore simplement le fait qu'il n'y a pas de réciprocité de ma part. Les hommes l'ont fait pendant longtemps. Cette attente naïve que la femme soit flattée par son attention fait depuis longtemps partie du passé. Un homme si important, un auteur à succès qui a longtemps été apprécié en tant qu´ enseignant connu dans ce milieu, un grand propriétaire terrien et ainsi de suite. Aucune femme ne pourrait refuser l´offre d´un tel homme, il en est convaincu.

Un simple coup d´œil, pas même doté de sa supposée clairvoyance, pour voir que je réagis différemment. Tout d'abord, je suis satisfaite de qui je suis et ma liberté est ma compagne la plus précieuse. Les possessions ne m'ont jamais séduite, ni les rôles, ni le prestige. Je pourrais tomber amoureuse d'une âme pure, d'un effort édifiant, d'une personnalité authentique et intégrale, d'un cœur chaleureux et libre. Surtout, pour moi, il s'agit des vibrations qui circulent entre les gens. Je les perçois à différents niveaux. La résonance crée la connexion, c'est le facteur décisif qui surpasse tout le reste, en particulier les désirs égoïstes et les manipulations. Il n'y a rien de plus à ajouter. En outre, j'ai suffisamment d'estime de moi-même et je n'ai pas l'intention de renoncer à mon succès, d'abandonner mes projets, de réduire mon espace personnel et de perdre ma liberté. Je reste dans mon intégralité et me consacre à mon mariage intérieur avec passion et le célèbre avec un cœur comblé et un esprit alerte. Je reste fidèle à moi-même et à mon chemin.

Aujourd'hui aussi, je termine la journée tôt. Je me consacre à mes méditations et à mes exercices.

SIXIÈME JOUR

Ambivalence de la situation. Réflexions. Transformez les jeux et les rôles. Dans la boutique du collectionneur. Réorganiser les relations familiales. Son sujet préféré. Abus de confiance. Une autre tentative. Ma colère viscérale. Le rendez-vous avec Véronique.

Le sixième jour est l'avant-dernier de mon séjour avec Pierre-François. Je suis fière d'être restée et de ne pas être partie aussitôt, ce que j'aurais fait il y a quelques années. J'aurais simplement fui la situation écrasante.

Ce qui est étrange dans ce genre de situation, c'est l'ambivalence: d'une part, tout a l'air sympathique, amical et poli de l'extérieur, d'autre part il y a un manque de respect des limites féminines ainsi que de mon cadre personnel et privé. Tout le monde est gentil avec moi mais le patriarche profite de la situation, espérant y trouver son épanouissement sexuel. Ce genre de comportement n´est pas si rare, n´est-ce-pas? J´oserais même affirmer que cette manipulation silencieuse est assez répandue. On abuse de sa supériorité patriarcale couplée de la bonne réputation à outrage Quelques fois, il m'a mis la pression et a fait des commentaires désobligeants: je n'étais pas flexible, j'étais trop rigide et pas du tout ouverte. Je suis et je reste stable. Par-dessus tout, je me suis trop précieuse pour agir contre mon désir et mon respect de moi-même. Je peux imaginer que ce type de démarcation n'est pas facile pour de nombreuses femmes, en particulier dans le contexte de ses essais répétés. Certaines se sentiraient peut-être attirées par ses terres, sa réputation et sa confiance en soi. La violence persistante est implicite dans ces stéréotypes, même si elle est sous-estimée aussi bien par les femmes que par les hommes. Il est temps de jeter ces appâts par-dessus bord.

Nous n'avons pas de programme aujourd'hui. Si, si! Nous irons chez un de ses amis, un collectionneur, dans l'après-midi. Le matin, Pierre-François est occupé avec ses timbres et ses pièces. Le ciel est couvert et il fait froid dehors. Je m'ennuie un peu. Le rythme de cette semaine est en fait très lent pour moi. J'ai une compréhension rapide et les choses doivent aller un peu plus vite pour être intéressantes et nourrissantes pour moi. Je me demande donc comment je vais passer les dernières heures ici.

Pierre-François n'est pas de bonne humeur aujourd'hui. En fait, nous avons tari tous les sujets de conversation communs ou bien nous les épuisons rapidement. Aller me promener dans le village n'est guère possible. J'en ai assez du jardin négligé. Je lui demande si je peux consulter sa bibliothèque spécialisée. Il m'apporte des livres. Quelques heures plus tard, en voyant mon zèle, il m'en apporte encore d´avantage. Des exemplaires rares qui me captivent réellement sur des sujets spirituels, ésotériques et énergétiques. Chacun se retire dans son monde, même si nous sommes assis à la même table. C´est comme cela. Le séjour aura été tout à fait différent des attentes de chacun . Le séducteur a échoué et la spirituelle repart l´esprit vide.

Mais je ne repartirai pas les mains vides: j'ai acheté des appareils énergétiques spéciaux à mon hôte et j'ai beaucoup appris sur les images déformées de la vie réelle, sur la tromperie et l´illusion. J'ai fait la connaissance du vrai personnage derrière la personnalité extérieure, l'homme derrière le rôle de l'auteur. Une déception, c'est-à-dire une illusion a disparu. La polissure s'est dissout. La pauvre réalité derrière l'apparence rayonnante. Je peux cependant combler ce déséquilibre avec de la compassion pour l'humain. Avec sa difficulté à assumer son origine divine et en même temps à intégrer sa vulnérabilité et son imperfection. Mais il est plus difficile pour moi de combler le fossé entre l'auteur original et le vieux monsieur aux hormones suractives, qui ne peut accepter mon manque d´intérêt, à long ou à court terme, d´assouvir son désir de couple. C'est dommage que cette personne soit si facilement contrôlée par ses chakras inférieurs.

Dommage que la perspicacité manque et que son respect pour la contrepartie féminine soit si minime. Ce qui me semble également étrange, c'est qu'il ne vive pas en conscience et n'a pratiquement rien intégré des sujets dont il traite dans ses livres, par exemple il n'a aucune idée de la nourriture crue et vivante ou des suppléments naturels essentiels. L'affaire est encore plus grave en ce qui concerne l´état du jeune homme: bien que Pierre-François ait écrit sur les énergies vampirisantes, il semble être totalement incompétent dans la pratique. Maintenant, je sais de Bella où il a obtenu les informations. Est-il possible d'avoir accès à de telles connaissances spécialisées sans les intégrer, sans vouloir les vivre et les mettre en œuvre? Ce fossé est un mystère pour moi. S´agit-il d´un savoir utilisé pour gagner de l'argent et une bonne réputation? Est-ce un rôle bien joué? Et maintenant il en joue un autre qui est peut-être plus lucratif? À ce stade, je me questionne et je m'efforce de comprendre des choses qui sont significatives et importantes pour moi. Il ne va même pas de la perfection de la mise en œuvre. Il s'agit de l'effort, de l'intégrité, de la conviction, des connaissances et de la compétence au quotidien. En fin de compte, il s'agit de cohérence interne. Si elle est complètement absente, la crédibilité de la personne reste inexistante pour moi.

Le souci constant de Pierre-François pour sa collection rend également tout échange assez difficile; on peut à peine échanger quelques mots. Mais mon interlocuteur n'a pas assez de concentration, d'attention ou d'intérêt pour une conversation animée. Ces caractéristiques sont littéralement englouties par les timbres et les pièces. Autrement dit, il évite tout échange: il se définit dans son petit monde, d´il a vingt ans et séduit les femmes avec son irrésistible charisme. Son regard est tourné vers le passé, vers le moment où il a dû accepter les déceptions qui caractérisaient sa recherche éternelle de l'attention de la mère. Encore et encore, il veut être un homme si bien: amant parfait, fort, intelligent, cultivé, rapide et quelqu´un qui a réussi. Il semble avoir le seul souhait d´attirer toute l'attention de la mère / épouse / aimante sur lui-même. Comme un vampire qui ne peut accepter le refus parce qu'il est hanté par sa dépendance.

Les femmes qui étaient de mauvaises femmes sont à blâmer.

Pierre-François rompt maintenant le silence qui règne entre nous. « Nous sommes ici pour être heureux, pour avoir du plaisir et pour nous amuser. » C'est son point de vue. Le mien semble un peu plus exigeant, même si nous sommes fondamentalement d'accord. Le vrai bonheur, que je préfère appeler épanouissement, vient de l'alignement avec l'âme qui est donc présent à tous les niveaux. Non pas en excès exagéré, mais en étant et en ayant ce qui est juste. Suffisamment. Ni plus ni moins. Une plénitude modérée. Donc sans manque. Aucun besoin de s´approprier quoique ce soit de peur d'être seul ou de ne pas avoir assez de ceci ou de cela. En harmonie avec soi-même et sa propre l'âme, c´est tout ce qui est nécessaire: on rencontre les bonnes personnes, les opportunités semblent émerger par hasard, les moyens sont là pour vivre et réaliser les projets. Il y a une cohérence à un niveau supérieur. Pas d'hédonisme bon marché, pas de saturation rapide des désirs, pas de « je dois » parce que « je veux », mais « que ta volonté soit faite au travers de ma volonté ». De ce point de vue, l'accomplissement n'est pas seulement une poursuite personnelle, mais un devoir de création pour soi et envers l'humanité.

L'éternel féminin est apparu dans son scénario de vie: elle était là, la femme parfaite, pendant exactement sept ans. Pourquoi la femme, qui symbolise l'accomplissement de son rêve, est-elle morte après ce bref bonheur conjugal? A-t-il vidé son système de ses forces féminines? Est-ce possible? C'était un amour parfait! Peut-être que l'amour idyllique est l'histoire d'un vol et d'un jeu de pouvoir égoïste? Serait-il temps de regarder de près les stéréotypes amoureux et de les forcer à sortir des couches profondes du subconscient?

Je peux poser de telles questions, mais je ne saurais y répondre en général. C'est à chacun de les saisir et de les confronter. Toutefois, ce que je suis en état de refuser, c'est ce que l'on proclame être une évidence sans s'interroger ou la remettre en question. C'est ce qui ne me convient pas. C'est précisément cette «revendication» et plus encore, cette arrogance qui symbolisent des schémas patriarcaux dépassés. Le vieux jeu des rôles fixés a fait son temps. Maintenant, nous voulons mettre en place des règles de jeu intelligentes, profondes et sages. Jusqu'à ce que l'on atteigne ce niveau, il peut même y avoir une pause afin que les deux parties réfléchissent à la façon dont elles veulent élaborer leur nouvelle rencontre.

La pause peut même prendre un certain temps. Parce que les relations et les schémas de pensée persistants et rouillés sont fermement ancrés dans les esprits - et pas seulement là! On parle souvent de la souffrance amoureuse, de la déception, de la colère, du chagrin et des cœurs brisés. Ces cœurs naïfs qui ont été bercés dans les rythmes des chansons d'amour bon marché. La folie et la tromperie y sont chantées: pure illusion semée dans le cœur et attisé par les attentes irréalistes de l'un comme de l'autre côté. Un crime contre l'humanité: le thème de base entre l'homme et la femme est siffloté dans l'air comme un regard irresponsable, enveloppé comme un appât empoisonné par une douce séduction. Au lieu de la loyauté de base, le respect, la pleine conscience, ludique et agréable, des approches où l'on se complète librement et avec confiance et équité. Oui, des relations où liberté, loyauté et confiance se conjuguent respectueusement, que la sexualité y joue un rôle ou non. Pas seulement dans les têtes mais jusque dans les lits. Il est temps de secouer les draps des rôles de dépendance restrictifs et conflictuels

On dirait que je suis concentrée dans le livre, mais en fait je suis dans mes propres pensées jusqu'à ce qu'il soit enfin temps de partir.

Je visite cette ville pour la première fois, j'ai hâte de découvrir quelque chose de nouveau. Dans la boutique du collectionneur, je ne suis pas présentée comme la partenaire cette fois-ci. On ne me mentionne même pas en fait. Ça n'a pas d'importance. Je me présente avec mon prénom et une poignée de main. Je suis là et même si je ne revois jamais cet homme de ma vie et qu'il m'efface de sa mémoire dans les 10 minutes à venir, je tiens à représenter respectueusement l'existence humaine, la mienne et celle de mon homologue. Leur conversation ne m´intéresse pas. Je regarde les énergies autour des gens, dans la boutique, dans le café et leurs interactions.

La rencontre avec le collectionneur prend fin peu de temps après. Il est encore tôt dans l'après-midi et Pierre-François veut rentrer chez lui. Je suis déjà horrifiée de rentrer à la maison: je me lasse de l'idée de passer la fin d'après-midi et toute la soirée à lire pendant que Pierre-François arrange ses timbres. Je demande s'il y a un endroit fascinant dans la région où nous pourrions nous arrêter. Non, dit-il, rien ne vaut la peine d'être visité ici. Il est clair que mon chauffeur a perdu tout intérêt pour moi. Soit que je suis « ma partenaire », sa projection de rêve, soit que je n´existe pas vraiment.

De façon inattendue, un panneau de signalisation apparaît indiquant la « chaise du diable ». « Tourne à droite, s'il te plaît », dis-je impulsivement. « Je voudrais jeter un œil à cet endroit! » Au milieu de la forêt, il y a d'énormes rochers entourés d'étangs et de ruisseaux, un endroit onirique mais la vibration me semble étrange et cruelle en même temps. Pierre-François explique en quoi consiste la chaise du diable et que les gens ont été jetés des plus hauts rochers dans la rivière intempestive. La nature est enchanteresse mais les humains ont utilisé cet endroit pour des rituels cruels. « Il y a aussi des radiations telluriques et de nombreuses veines d'eau souterraines qui ont un impact plutôt négatif sur la fréquence du lieu », ajoute-t-il. C'est encore une fois un plaisir de suivre son récit géobiologique. Il connaît le sujet en détail sous différents angles. Pour moi, cette excursion est le clou de la journée. Maintenant, nous rentrons à la maison.

Véronique, la fille de Pierre-François, m'attend. Elle aimerait que nous prenions rendez-vous pour un conseil: « Pourrais-tu répondre à mes nombreuses questions et me donner des conseils? » Elle m'apprécie. Je voudrais l'aider car elle a beaucoup souffert dans son enfance. De même au cours des dernières années dans sa relation avec le mari alcoolique. Nous prendrons un moment dans la soirée après qu'elle ait mis son fils au lit. Je vois immédiatement dans mon esprit qu'il y aura un retard. « A plus tard! » Dis-je d'un ton joyeux. J'ai hâte à cet entretien personnel avec Véronique, qui a besoin d'espoir et d'encouragement. Mais je monte directement dans la pièce où je commence à ranger mes affaires dans la valise. Je suis heureuse de rentrer chez moi, en Allemagne, demain. Je vais être ravie d'être de retour dans mon monde! Je fais quelques exercices d'étirement par pure joie et en riant doucement pour mon propre bonheur.

À un moment donné, je redescends. Il est encore tôt dans la soirée et Véronique n'a pas encore réussi mettre son enfant de trois ans au lit. Le petit sent inconsciemment que sa mère prépare quelque chose, qu´elle veut faire quelque chose pour elle-même, et ce soir il est particulièrement entreprenant et infatigable. Le petit-fils est aussi encombrant que le grand-père.

Bien qu´ils ne s'entendent pas très bien ces deux-là. En secret, je me mets à sourire à l'idée que Véronique et son père veulent me confier une place dans la famille avec tant d'empressement: ils ne pourraient pas souhaiter une belle-mère ou une partenaire plus inadaptée. Ou alors exactement la personne qu´il faut? Ce serait peut-être la meilleure façon de rétablir un peu d'équilibre dans la maisonnée. J'enseignerais l´ art de mettre des démarcations claires et nettes à sa fille, afin qu'elle puisse se défendre contre l'ex-mari agresseur et se protéger correctement. Je lui montrerais tous les modèles de subordination qu'elle a appris de son père quand elle était enfant et je lui apprendrais à les jeter par-dessus bord. Je remettrais littéralement grand-papa à sa place et l'enfermais avec toute la collection de pièces et de timbres dans le placard avec les plats précieux. J'enseignerais au junior qu'il est un tyran pour les fourmis et les coléoptères et pour personne d'autre (surtout pas pour sa mère, qu'il devrait estimer et respecter). Je le laisserais seul dans l'un des nombreux domaines du grand-père jusqu'à ce qu'il guérisse ses crises de colère. C'est ainsi que je réorganiserais la famille. Mais ce ne serait que le début. J'utilisais ensuite le grand-père et le petit-fils dans le jardin pour nettoyer les terres incultes et négligées. Ainsi ils pourraient libérer leurs énergies respectives de façon intelligente et utile.

Brusquement je suis secouée de mes rêveries et me voilà confrontée par l'énergie du moment. Grand-père, comme je l'appelle maintenant avec humour (tant qu´ on ne m'appelle pas grand-mère comme pendant), prend maintenant une petite pause dans le rangement de ses pièces. Tout d'un coup, il part sur un discours. « Il y a des femmes qui redécouvrent leur sexualité en période de ménopause, et pour certaines, elles la découvrent vraiment pour la première fois. Puis, il y a les autres qui abandonnent complètement leur sexualité durant ce changement hormonale. Ce qui ne serait pas nécessaire, car ce dont ces femmes ont besoin, c'est d'un partenaire qui sait les guider vers l'épanouissement sexuel ». Grand-père ne lâche pas son sujet préféré.

« Depuis que tu es en retraite de la spiritualité, tu ne parles que de sexualité. Toute ta conscience est coincée dans le deuxième chakra. J'active mes hormones quand et avec qui je veux. Peut-être que cette fixation est le signe d'une décomposition du cerveau? »

Pierre-François continue son discours. Et la cerise sur le gâteau est encore à venir. « Mais c'est très différent pour les hommes: même à un âge avancé, la sexualité reste très active comme c'est le cas pour lui. » Je le regarde avec un léger sourire sur les lèvres. « Ça ne m'intéresse pas du tout, as-tu compris? », M'entends-je dire en pensant à l'époque où j'étais infirmière. Professionnellement, je n'ai pratiquement jamais été témoin de comportement inapproprié de patients masculins. Il n'y a eu que quelques événements inoffensifs. L'infirmière fait les préparations pour de cathéter et le patient se permet une blague de mauvais goût. En fait, il s'agit d'atténuer ses propres peurs et son embarras. Il est important de rester purement professionnel et de ne pas entrer en résonance avec sa réaction.

Tout comme c´est le cas avec Pierre-François actuellement. Je le fixe jusqu'à ce que cela le rende presque mal à l'aise.

Je m'impatiente car le temps passe et Véronique n'est toujours pas là. Comme elle habite à côté, j'entends Junior résister pour aller au lit ; il veut qu´elle lui raconte une autre histoire, puis il lui faut du chocolat ou encore jouer avec le téléphone portable de sa mère. Véronique fait irruption et s'excuse… « Malheureusement ça prend un peu plus de temps, mais pas si longtemps, on va y arriver … ! »

Je la comprends et j'apprécie vraiment Véronique. J´aimerais pouvoir l´aider avant de partir. Bien que je ne ferais pas de lecture de l´ aura, je répondrai à ses questions et lui donnerai quelques conseils sur la façon dont elle peut mieux gérer ses émotions et sa situation présente. C'est ce qu'elle a demandé et je me tiens à son souhait. Une lecture d'aura pourrait être trop profonde pour elle. Cependant, elle n'est pas prête pour cela et ne l'a pas demandé. Je lis maintenant certains des livres spirituels que mon hôte a mis à ma disposition. En aucun cas, je ne veux relancer le problème de virilité ou ouvrir une porte pour cela. Je suis concentrée sur le bouquin et lui, comme toujours sur ses pièces. Nous avons tellement peu de choses à nous dire. Qui sait ce qu´il est capable de mijoter sur ses obsessions.

Je m'attendais à rencontrer une source spirituelle profonde de sagesse, de compétence pratique, d'expérience et d´inspiration. Mais rien de tout cela. Ses perceptions sont obscures, il ne sait et ne peut rien faire, ne voit rien. L´homme n'a pas le moindre jugement ni au sens pragmatique, ni au niveau mental ou spirituel. Il babille quelques paroles superficielles courantes dans le milieu ésotérique: il vit son côté féminin parce qu'il pleure devant un film d'amour triste à la télévision. Une déclaration dénuée de sens. Un cliché insensé à mon avis. Du cirque qui n'a rien à voir avec l'acceptation de son côté féminin. Je ne pleure définitivement pas sur les films d'amour. Mais il y a beaucoup de choses que je ne peux pas accepter indifféremment: l'écart grandissant entre les pauvres et les riches, l'humiliation des femmes, le maltraitement des êtres vivants en général, l'exploitation de l´homme, la manipulation, l'injustice, le mensonge et la fraude, la répression générale et l'hypocrisie. Je ne perds pas de larmes de crocodile là-dessus. Dans le pire des cas, si je ne peux pas le gérer correctement et si je me laisser submerger, je passe des nuits blanches. Dans le meilleur des cas, j'aspire à la sensibilisation, à la mobilisation, à l'information et à l'action nécessaire afin de contribuer à un changement. Je n'ai certainement pas de larmes à perdre à propos d´ histoires fictives.

Il y a quelques années, j´ai fait une demande très importante à Pierre-François liée à une attente particulière. Je lui avais demandé de m'aider psychiquement si je me retrouvais dans une impasse. Je lui ai formellement demandé si je pouvais compter sur son aide, s'il m'aiderait dans une crise spirituelle ou si quelque chose de grave m′arrivait du point de vue santé. Dans ce cas, soit moi, soit quelqu′un de mon entourage lui enverrait un sms. Mais il s'avère qu'il ne lit pas et n'envoie pas de message! Pourquoi était-il d'accord à l'époque et a dit très clairement « Oui, oui, bien sûr »? Heureusement que la tromperie est en train d'émerger. C'est bien que je la découvre à temps. Le dévoilement est flagrant. La marionnette éblouissante est creuse. Promesse vide. Au sens moral: « un abus de confiance »?

Dans quelques heures, hourra, je serai assise à Paris en train de prendre un café sur une terrasse de café et je contemplerai le tout à distance!

Véronique vient enfin avec un gros cahier et s'assied à la table à côté de moi. « C'est bien que ça marche, enfin ! », dis-je. « Quelle est ta première question? »

Pierre-François s′est tout d′abord éloigné et j'ai pensé: «Très bien. Il respecte sa fille et le caractère privé de notre entretient. Ainsi il nous permet de faire le travail entre femmes. »Une séance est en effet une chose très personnelle qui nécessite que même la famille et les proches prennent une certaine distance. Peu de temps après, cependant, il occupe la partie supérieure de la table, où le patriarche est habituellement assis!

Véronique a préparé toute une liste de questions. Elle est claire et intelligente, quelque peu strict avec elle-même. Elle parle rapidement et avec un affect emphatique. Son corps émotionnel est très stressé et il serait, en fait, urgent de le purifier et de le libérer de quelques lourdes charges. Cependant, j'ai l'intention de m'en tenir à l'accord et de ne répondre qu'à ses questions, le travail énergétique n´a pas de place dans le cadre présent. À un moment donné, mon hôte s'immisce dans la conversation et souligne que Véronique m'a trouvé très sympathique et que dès le premier jour, elle a dit que j'étais exactement la femme qu´il lui faudrait. C´est le dicton notoire, qu´il a saisi triomphalement et maintenant que la toute dernière chance est arrivée, il l´a réactive une fois de plus.

À l'extérieur, je reste polie et décente. Intérieurement, cependant, je me transforme en furie. En quelques secondes, je deviens une Lilith sans complexe qui le balance à travers la pièce comme une vieille poupée en chiffon, lui hurlant quelques vérités. Dans mon imagination, Lilith, l'irrépressible, qui n´étouffe pas sa frustration, mais l'exprime sans entrave. Lilith, qui protège et défend son espace et ses droits. Lilith, qui utilise directement son pouvoir et ose lutter de front.

En même temps, les scènes d'un film canadien dans lesquelles une réalisatrice indigène a thématisé les fantasmes intériorisés de violence des femmes autochtones, me viennent à l´esprit. Bien sûr, ces femmes ne sont pas plus violentes que les autres, mais les discriminations dont elles sont quotidiennement victimes, sont graves et peu connues sous nos latitudes. L'héroïne devient un monstre et se venge de ses bourreaux avec une force surdimensionnée. Bien sûr, il ne s'agit pas de rivaliser avec la brutalité masculine et ses abus de pouvoir. Un œil pour œil n'offre jamais de solution. Ce film me laisse une impression ambiguë. D'une part, il est impératif de reconnaître de manière réaliste les humiliations, l'oppression et l'exploitation séculaires sans hypocrisie. Deuxièmement, tout dans le film est tellement exagéré que la vengeance sans limite devient une parodie. Une parodie qui trouve un écho dans les blessures profondes des femmes – et pas seulement des femmes indigènes d'Amérique du Nord. Un jour, la douleur et la frustration atteignent les limites de l'insupportable et explosent comme un volcan qui a réprimé, déjà depuis des éons, le magma intérieur et qui ne peut plus retenir les entrailles destructrices à ce moment précis. Il est temps d'arrêter la répression, la suppression et le silence. C'est le moment d'aborder efficacement les problèmes avec une conscience claire, une justice courageuse et des changements de comportement cohérents ainsi qu'une action collective. Revenons au film qui m'a choquée et à la fois emballée. Ma propre réaction m'a surprise. Je ne pouvais m'empêcher de rire très fort face à cette violence féminine bouillonnante jamais observée auparavant. Elle a libéré beaucoup de potentiel agressif en moi et elle s'est avérée libératrice. Ce n'était franchement pas un rire « drôle », mais la réaction émotionnelle de la force libératrice. Je me souviens d'une phrase qui me troublait alors que j'étais encore enfant. « Les filles n'ont aucune agression. » Cette affirmation incompréhensible est même devenue pour moi une question existentielle: «Ne suis-je alors pas une fille? Comment ça marche? Que dois-je faire avec cette colère viscérale?» La réprimer, la confronter, la comprendre, la soigner, l'accepter afin de la vivre de façon créative, la transformer par le mouvement, l'affirmation-de-soi, l'autodétermination et la liberté. Et pour finalement la transcender énergétiquement et spirituellement.

Je vais maintenant faire une observation subtile de l'origine, de la propagation et de la transformation de la violence qui engendrent les guerres. En partie (et j'insiste.-.en partie.- parce qu'il existe d'autres raisons telles que des raisons économiques, politiques, de pouvoir et de manipulation) les guerres surviennent au travers d'émotions négatives et réprimées qui s'accumulent comme un nuage dense d'agression. Il parcourt la terre pour s'installer là où il y a une des résonances les plus intense. Ce sont des régions où les populations sont vulnérables à la pauvreté, à la frustration et aux injustices aussi bien de longue date que de la vie quotidienne dues à l'effondrement des structures politiques et sociales. De tels endroits entre facilement en résonance avec les forces destructrices. Néanmoins, l'origine de l'agglomération de violence réside dans des pays complètement différents. Et ceci en particuliers dans les zones où la négativité est supprimée et réprimée, au point où sa propre agression n'est pas perçue. Quelque part et à un moment donné, cette énergie accumulée veut s'exprimer et doit trouver une issue. Puisqu'elle n'est ni nommée ni acceptée, elle erre en tant qu'énergie jusqu'à ce qu'elle rencontre une réponse, donc une résonance vibratoire semblable où elle peut s'enclencher. Si nous devions prêter attention à nos pensées et enregistrer nos émotions refoulées, nous serions mieux en mesure de les inverser et de les vivre de façon saine et créative. A partir de ce moment, cette masse, bannie et concentrée, qui cherche désespérément sa décharge dans les zones remplies de rancœur de ce monde, serait moindre. Cette explication imagée de l' accumulation et de la «logistique» de la force destructrice symbolise un train de pensée, qui représente la connexion et l'interaction de toutes les parties d'une manière pratique et réaliste. En outre, il faut ajouter que la brutalité meurtrière de la guerre sert de nourriture aux forces négatives. Bien sûr, il y a aussi des intérêts géopolitiques corrompus dans le jeu. Je ne développe pas ces aspects ici, car je me concentre exclusivement sur les mécanismes énergétiques, qui sont tout aussi importantes et en grande partie inconnues.

C'est uniquement dans mon imagination que mon hôte ressemble à une marionnette déchiquetée en mille morceaux. En fait, il est assis là, comme un petit garçon essayant de récupérer des bonbons de maman. Je le regarde droit dans les yeux et je lui dis avec une expression sérieuse et un ton profond qui ne tolère pas de contradiction: « Maintenant je parle avec Véronique! »

Elle est un peu inquiète de la relation tendue entre son père et moi. C'est enfin son tour. Elle a attendu toute la semaine. Junior a fait son théâtre. Et maintenant, il y a cette dispute entre son père et moi. Je me tourne maintenant vers ma cliente avec l'intention secondaire d'exclure le père: « Maintenant, je te dédie toute mon intention et tout mon temps ». Elle sourit. Je suis contente de voir qu'elle fait preuve d´un certain respect d'elle-même et qu´elle persiste dans son entreprise, ce qui s´exprime par sa réceptivité.

Elle s´ impose des exigences très strictes. Elle a des aspirations éthiques élevées. Je lui explique qu'elle peut obtenir des résultats encore meilleurs et, surtout, plus fiables en maintenant une attitude plus aimante envers elle-même et en se fixant des objectifs réalistes. Soudain, elle fond en larmes et elle sanglote dans mes bras, secouée par son dégoût de soi. Elle traverse subitement une forte régression. Elle fait un récit pêle-mêle de son enfance. J´essaie de lui donner une halte en la tenant dans mes bras avec douceur. Entretemps, Pierre-François s'est levé et a l'air plutôt désemparé alors que sa fille sanglote et continue son récit sur sa mère et sur son père. Certaines phrases brisées par ses pleurs intenses sont incompréhensibles. En tous cas, la chose la plus importante maintenant est la décharge émotionnelle. Ensuite, elle se sentira plus légère. Elle regarde son père. Je propose avec beaucoup de considération, que ce serait une bonne idée s'ils se tenaient aussi dans les bras. Mais tous les deux s´y opposent de manière prononcée: « Non, non, nous ne faisons pas cela. Pas de câlin entre le père et la fille. » « Serait-ce un geste incestueux dans cette situation ? J´y vois plutôt un geste réconfortant? » J´ose suggérer. « Nous ne faisons pas ça ». Il n´est pas étonnant que la relation entre les femmes et les hommes dans cette famille soit étrange. Bien sûr, je n´insiste pas. Toute la tension a disparu. Nous terminons la séance et en même temps cette soirée chargée d'émotion. Nous nous souhaitons une bonne nuit. Véronique me remercie d'une manière touchante. J'essaie d'apporter un peu d'humour à la situation et je lui rappelle de bien prendre soin d'elle-même.

SEPTIÈME JOUR

Préparatifs. Question rhétorique. Pas d'arène. La divination. On y va. L'adieu. Dans le train. Le jeune homme. Dans l'avion. Le thérapeute irrespectueux. La main sur le genou. Chez moi.

Comme toujours, je me lève tôt. Mais aujourd'hui je me lève particulièrement tôt parce qu´ heureusement l'aventure locale se termine. Je veux m'assurer de ne pas rater l'avion. Mes quelques affaires sont déjà dans la valise. Je fais mes exercices de manière particulièrement approfondie et lentement. Néanmoins, le temps semble s'être arrêté. Je descends enfin les escaliers vers le salon.

Pierre-François m'a fait du café. Il est plus attentif ce matin, comme s'il voulait laisser une impression amicale. Il est clair que nous n'avons pas trouvé de dénominateur commun. J'ai enregistré le manque de respect et les comportements manipulateurs et répétitifs. J'y reviendrai plus tard, avec la clarté de la distance géographique et émotionnelle. Il me donne un pot de miel, car c'est la seule chose que je consomme encore occasionnellement.

Je n'ai même pas envie de faire une dernière promenade dans le jardin. Oui, je me tiens devant la maison et regarde au-dessus du toit. L'apparition de Bella n'est pas visible. Je ne ressens aucunement sa vibration et je ne reçois aucun retour de sa part. C'est bon signe: elle a fait son chemin vers la lumière et trouvé sa place dans l'au-delà. C'est au moins une contribution positive de mon séjour ici. Donc le voyage en vaut la peine. Bella a-t-elle lâché son amant? A -t-elle fait la paix avec sa sœur? Mais cela ne fait plus partie de mon travail. Il fait nuageux dehors. Cela ne me rend pas triste, au contraire, je suis tellement heureuse de pouvoir bientôt retrouver ma liberté et d'échapper à cet homme irrespectueux et à son entourage.

Nous tentons un petit entretien pour passer le temps et éviter le silence gênant. Mais la tentative ne va pas loin. Nous n'avons pas grand-chose à nous dire. Ou devrais-je être conflictuelle et le provoquer directement? Enfin en tirer un peu de profondeur? Lui montrer sa dépendance à l'égard des femmes? Refléter son comportement insipide? Mettre en question son comportement machiste? Poser des questions inconfortables sur son comportement partagé entre celui d'un homme inconscient et d'un auteur spirituel? Dois-je l'appeler plagiat qui n'a pas l'honnêteté de révéler les vraies auteures? Non.

Mais les considérations suivantes sur cette étrange semaine me viennent également à l'esprit: quel est l'intérêt et le but de ce séjour? Quelle est sa signification non seulement pour moi personnellement, mais en général et au sens figuré, symboliquement? Quels schémas et quelles règles en tissent la trame? Comment aurais-je pu gérer cela différemment? Quelle est ma leçon? Y a-t-il des traits dans cette histoire que l'on retrouve dans les relations interpersonnelles, dans la société, dans la politique? Quels sont les modèles et les intentions derrière cette interaction?

Chaque événement auquel je participe a un rapport avec moi. C'est une évidence, qui est souvent mentionnée dans le domaine spirituel et thérapeutique mais qui est également mal comprise. Mais comme tout est interconnecté, l'histoire personnelle a aussi un rapport direct avec les archétypes structurels sociaux, historiques, sociologiques, religieux, etc. Bien que je me sois concentrée pendant des années sur les aspects individuels et personnels, je suis aujourd'hui fascinée par les connexions plus vastes jusqu'aux dimensions planétaires et cosmiques. Pour être franche, on rencontre des paradigmes étonnants. Je ne peux que vous encourager à poursuivre vos propres recherches et à interroger sans relâche le monde illusoire jusqu'à ce qu'il apporte des réponses claires qui dissoudront les illusions . Cela demande du courage spirituel et surtout la volonté de se libérer des propres œillères.

Rhétoriquement, je pose la question suivante à Pierre-François: « De quel droit un homme prend-il la liberté de vouloir s'approprier une femme, quelque soient la volonté personnelle, le pouvoir de décision, la situation de vie actuelle, la réaction et les retours de cette dite femme? »

Ensuite et inévitablement, il y a le sujet de la déception, le démasquage du gourou spirituel qui se révèle être un monsieur âgé sous l'hégémonie de ses hormones et qui refuse d'admettre que l'attirance n'est pas mutuelle. Je comprends parfaitement sa peur de vieillir seul ou simplement son besoin de partager sa vie avec une partenaire. Je peux tout à fait accepter que l'on essaie d'envoyer des signaux: « J'aimerais que tu sois ma partenaire », ou mieux encore, qu'il ait le courage d'aborder le sujet directement: « Je peux imaginer que nous pourrions former une communauté intéressante: qu'en pense tu? Comment sont tes sentiments envers moi ? » Mais cet acharnement persistant qui ignore les commentaires de la femme est dégoûtant. Un tel comportement découle de l'esprit d'un homme qui ne veut pas comprendre que « non signifie non », de la tête d'un gars qui dit: « Elle dit non, mais elle pense oui » ou « Si j'agis avec consistance et répétition et que je lui mets la pression, elle sera d'accord à un moment ou un autre ». Un tel comportement ne peut résulter que d'un esprit pathologique qui pense qu'il doit « se battre » pour une femme à tout prix.

Sommes-nous dans une arène? Non, il s'agit de résonance, d'affinité, d'accord libre. L'énergie circule d'elle-même ou pas. La non-réciprocité est toujours difficile à supporter pour l'ego. Pour cela j'ai de l'empathie. Oui, c'est douloureux de découvrir que quelqu'un ne veut pas partager le bac à sable avec moi. Un rejet, un manque de réciprocité, quelle que soit la portée précise des relations interpersonnelles, est toujours difficile à supporter, que ce soit en affaires, en privé ou au sein d'une amitié, d'une histoire d'amour ou également au sein d'une hiérarchie. C'est essentiellement le même sujet. L'affection n'est pas restituée, le projet est unilatéral. Par contre l'interaction respectueuse et volontaire par résonance énergétique se déroule autrement: un accord naturel apparaît, qui à son tour favorise l'interaction bienveillante. Nous nous comportons avec bonté et générosité les uns envers les autres et quelque chose d'unique en découle: une relation d'échange réciproque de travail, de jeu ou d'amour. Si la résonance n'est pas là, il est impossible de la forcer. Alors calme-toi!

Non, je ne peux pas forcer un échange plus profond. Je ne t'adresserai pas de remerciement pas pour la semaine. Ma tentative de répondre à nos attentes contradictoires échoue. Le silence règne. Puisse le silence contenir la vérité et la connaissance.

De façon inattendue, Pierre-François rompt le silence: « On t'attend, n'est-ce pas? » Ses yeux me fixent comme un amant jaloux. Se pourrait-il qu'il se rende soudain compte que je mène ma propre vie? Son regard perçant semble pour la première fois me voir comme une vraie personne. Jusqu'à présent, j'ai été l'écran de projection de ses désirs ou la renaissance de ses succès de jeunesse. Plus tôt, j'étais une femme à conquérir, censée confirmer son irrésistible masculinité. Puis la fameuse réflexion rompt l' auto-conviction du Casanova, qui doit être confirmée encore et encore... « Je n'ai pas l'habitude d'attendre une femme aussi longtemps », dis-je lentement. Il sait que j'imite ses mots. Il sait exactement ce que cela signifie.

La cassure béante dans le mur du château invincible de son ego masculin montre maintenant une fissure cruelle et l'effritement embarrassant de son inviolabilité.

Le temps s´est maintenant écoulé. Le jeu est perdu. Parce qu'il n´a été aucunement question d'attente commune. Il s'agissait de comprendre que je ne suis pas une coéquipière. Il s'agissait de reconnaître qu'il n'y avait pas de réciprocité. Son regard s'assombrit et se tourne vers l'intérieur pour permettre la réflexion. Une légère confusion peut être ressentie dans la pièce. Peut-être de la colère et de la déception de sa part.

Puis Pierre-François dit avec une conviction absolue comme une annonce officielle: « Je rencontrerai ma partenaire de vie pour Noël, au plus tard ».

Ma perception clairvoyante me montre qu'il a affaire à un oracle qui lui révèle ce message. Son intuition et ses projections futures l'ont induit en erreur à plusieurs reprises. Les résultats de ses exercices de divination semblent être plutôt le reflet de ses souhaits. Qu'il en tire un nouvel espoir ! Mais s'il te plait sans moi.

L´art de la divination cache le grand danger de projeter ses propres désirs au lieu de consulter des options réalistes. Il y a quelques années, il était possible de prédire l'avenir avec un degré de probabilité plus élevé qu'aujourd'hui. « Pourquoi? », vous demanderez-vous. Le comportement humain est moins facile à prédire, d'une part parce que les opportunités sont plus diverses, d'autre part parce que plus de gens utilisent leur responsabilité personnelle et leur libre arbitre pour suivre leur propre chemin. C'est une bonne nouvelle: l'attitude autodéterminée, rendue possible par l'éveil de l'âme, offre des voies d'évolution différentes de celles des canaux restrictifs du nouvel ordre mondial dominant. Personne ne sait vraiment à quoi ressemblera l'avenir de la Terre ni combien de temps sera nécessaire pour favoriser un développement ou un autre. Personnellement, je me limite aux tendances ancrées dans le présent, qui sont soit renforcées, transformées, guéries ou abandonnées pour donner forme à un avenir épanouissant en harmonie avec l'âme du client. Il s'agit d'un travail actif, créatif et créateur basé sur la responsabilité personnelle et la liberté. Contrairement à une affirmation qui peut fixer la ligne de conduite ou, comme dans le cas de Pierre-François, bloquer les vœux égoïstes (ou pire, une projection négative). Prenons notre destin avec vigilance, créativité et confiance entre nos mains. Son exemple est celui d'une personnalité tragique-comique qui fixe l´oracle et oublie de regarder la femme qui se trouve devant lui. Où est la réalité ? Dans les cartes, dans le marc de café, dans la tête ou dans l'interaction entre les personnes présentes, dans les événements ou dans l´ environnement ?

Dans cette histoire, il y a un message important pour moi, ainsi qu'une confirmation de mes déclarations équilibrées et de mes pas prudents dans l'avenir en ce qui concerne la gestion de certains projets. Donc je vais personnellement de l'avant en accord avec ma voix intérieure. Parallèlement, je conseille ainsi mes clients. J'insiste également sur la vérification de la réalité pour déterminer ce qui se passe réellement en accord avec la pensée et l'action. Il se peut que des déceptions surviennent qui d'autre part fournissent de nouvelles informations inattendues ou indésirables. Une douleur mentale peut être ressentie, une prise de conscience va marquer un nouveau tournant et abandonner un chemin qui n'a pas fait ses preuves. Je suis la tuteure de Pierre-François, s'il peut m'accepter dans ce rôle. Je lui adresse une leçon, sans avoir souhaiter endosser ce rôle. Sinon, il peut me considérer comme une prude et une jeûneuse avec des chakras inférieurs endormis. La perspective réside dans ses yeux et sa volonté de s'ouvrir - à savoir, de se remettre en question et de faire de grands progrès. Je profite de la situation, je tire encore plus de force de mon fors intérieur et surtout j'apprécie les beaux moments éducatifs et je ris de tout cœur sur moments bizarres!

Je porte ma valise en silence jusqu'à la porte d'entrée de la maison. Cette action est totalement inutile en soi. Symboliquement, cependant, je quitte son monde de tromperie, évitant une confrontation honnête et directe avec les problèmes de sa vie. La prochaine séduction est déjà en route. Cela se passe indépendamment de la femme, car l'art de la séduction n'a pas grand-chose à voir avec la femme elle-même. C'est une répétition éternelle, un jeu creux auto-réalisateur qui doit une fois de plus confirmer son irrésistibilité.

Postée sur des escaliers et regardant dans la direction du jardin négligé, je dis adieu intérieurement, néanmoins sans adresser mes remerciements à cet endroit où je ne reviendrai jamais.

Il est encore beaucoup trop tôt. Toutefois, nous partons déjà. Rien ne me retient ici. Au contraire, je suis dans une position de départ tendue avec tous mes muscles prêts depuis des jours. Pierre-François veux me montrer quelque chose au jardin. Même si je n'ai pas compris exactement de quoi il s'agit, je m´empresse d'interrompre sa suggestion. Je crains d'arriver en retard à la gare: cette excuse me vient soudainement à l'esprit. De toute façon, il est trop tard maintenant pour faire de ce séjour une histoire passionnante. Allez, il est temps, dis-je avec impatience, on y va ! Et je suis déjà assise dans la voiture!

Le chemin vers la gare semble sans fin. Le silence entre Pierre-François et moi est lourd. « On pourrait le couper au couteau » aurait dit ma mère. « Encore mieux, avec à la scie », ajouterais-je. Je frissonne presque de joie en pensant à l'idée de partir. Loin de cet endroit vide d'intérêt. Mais surtout loin de cet homme qui ne sait pas distinguer ses vœux égoïstes de la réalité, de cet homme mené par ses instincts, qui s´acharne à convaincre une femme qui n'a pas de sentiments mutuels pour lui, de cet homme qui a une rétrospective de mécontentement sur sa vie. Désolée.

L'amour non partagé qu'il doit accepter maintenant peut l'amener à réfléchir. Le manque de communication, l'incapacité à s'engager dans un échange sensé, les idées que nous aurions pu acquérir ensemble... Mais je ne suis pas une femme qui pleurniche longtemps sur le passé. Acceptons la situation telle qu'elle est concrètement et actuellement. Nous avons passé assez d'heures ensemble autour de la grande table en bois. Trop tard pour les remords!

Dès que nous approchons de la gare, Marie agite les bras joyeusement. Elle est venue spécialement pour me dire au revoir. Cela me touche. Mais ce n'est vraiment pas nécessaire. Au moins, elle sera heureuse de l'avoir à elle seule. Elle est excitée et me prend dans ses bras et parle sans arrêt. Elle me serre fermement contre ses gros seins mous comme si j'étais une enfant. Cet adieu émotionnel me semble presque inapproprié, car nous nous sommes rencontrées pour la première fois, il y a seulement quelques jours. C'était sympa avec elle, mais nous ne sommes pas des proches.

Ensuite, je redoute de dire au revoir à Pierre-François. Je décide vite fait : bise et ciao. Je n'ai aucune envie de le remercier pour quoique ce soit. Sinon, je devrais, en fait, dire: «C'était en effet extraordinaire de découvrir ton vrai visage derrière la façade. Et je trouve scandaleux d'attraper des puces ici» Au lieu de cela, nous effectuons le rituel habituel: joue droite, joue gauche. Mais alors il continue: encore une fois à droite et encore une fois à gauche. En raison de l'effet de surprise, je suis emportée et je ressens du dégoût pour cette proximité indésirable. On s'embrasse quatre fois de suite dans ce pays? Non, il persiste à rattraper son retard et affirme son jeu de pouvoir une fois de plus en dépassant les limites de façon irrespectueuse. Je le regarde droit dans les yeux. Je suis très en colère. Sans dire un mot et à pas décisifs, je me rends sur le quai. Sans me retourner.

Puisqu'il n'y a que deux voies, je trouve tout de suite la bonne, mais elle est divisée en un secteur sud et un secteur nord, ce que je ne comprends pas tout de suite. Je remarque que je suis quelque peu confuse par ces adieux qui ont eu lieu dans le bâtiment ombragé de la gare. Sur la plate-forme, je suis aveuglée par le soleil et je me sens désorientée pour un instant. Je suis fâchée que cette personne méprise mes démarcations jusqu'au dernier moment. Ce jeu est un véritable exercice de pouvoir et une violation de la volonté de la femme qui lui fait face.

Non, cela ne peut pas être banalisé! Je ne tolère pas d'argument, les « Il n'a rien fait », les « Ce n'est pas si grave ». Je n'accepte pas non plus d'excuse pour son comportement en général Ceux qui tolèrent cette attitude favorisent et perpétuent de nouvelles attaques contre la volonté de la femme jusqu'au viol.

Soyons clairs et simples une fois pour toutes: l'amour signifie un traitement respectueux et conscient d´autrui et surtout un accord mutuel. De plus, l'amour, le vrai, n´engendre pas de blessure. Le comportement de Pierre-François est une violation égocentrique et téméraire de l'intégrité de son homologue féminin. Il se révèle être une personne égoïste qui prend ce qui ne lui appartient pas. Au sens matériel, cela s'appelle du «vol». D'un point de vue moral, un tel geste ne semble pas avoir d'étiquette. Ou je ne connais d'autre concept que la manipulation, dépasser les limites données, et voler qui n'est pas donné de bon cœur et librement. Ce qui est volé ne profite jamais, car les formes pensées enveloppent toujours l'objet, l'événement ou le comportement. Prendre sans consentement est un acte contre l'équilibre naturel, car il n'est jamais associé à la gratitude et n´offre pas de joie, ni de contentement.

Pourquoi forcer quelque chose, alors que l´on perd tout, à savoir le respect, le véritable échange, l´ enrichissement de la réciprocité, même l´épanouissement de la relation. Il y a tellement de domaines qui peuvent combler l'âme et le cœur.

Cette attitude découle-t-elle du sentiment de n´être fondamentalement pas digne de recevoir ce à quoi l´on a droit? Ceux qui sont en état d´ accepter ce qui est en résonance avec leur âme sont comblés de cadeaux, de sorte que tous les niveaux de l'être soient satisfaits. Ainsi ils jouissent d´ un état de non-désir ou d´un état de grâce. Ceci s´applique également au niveau matériel, où les besoins de la vie quotidienne sont également pris en charge, c'est-à-dire ni plus ni moins que ce dont on a besoin. Cependant, le matériel n'est jamais un but et ne possède jamais de sens en soi. C'est un énorme malentendu qui façonne cette société – sur laquelle elle est basé - et provoque un malheur infini et des efforts inutiles.

Pourquoi combattre ou conquérir? Le champ de bataille et l'amour sont incompatibles. Ces principes symbolisent un transfert pathologique de machisme et de pouvoir, essentiellement pour gonfler la nullité fondamentale de qui s´adonne à ce jeu. Avec moi il est complètement stérile et reste sans succès. Il provoque même un contrecoup. Par lequel tout est perdu.

Je me tiens sur la plate-forme. J'ai encore le temps jusqu'à l'arrivée du train. Il fait tellement chaud que j'essaie de mettre un pull dans la valise déjà trop remplie. Je me penche sur le baguage grand ouvert lorsque j'entends quelqu'un appeler mon nom plusieurs fois, rapidement et fort.

Véronique se précipite vers moi à bout de souffle. «Je me suis dépêchée, j'ai roulé si vite sur l'autoroute. Tout cela a pris longtemps au bureau de l'emploi. Je voulais vraiment te remercier. Tu m'as fait du bien Tu m'as beaucoup aidée. Tu m'as portée chance. La conseillère m'a dit que j'avais droit à une prime financière jusqu'à ce que le père des enfants paie l'indemnité. Je suis tellement contente! Enfin un nouveau départ pour moi! » Elle continue de parler vite et saccadé. Tout s'est développé positivement. Je suis profondément touchée. Nous nous embrassons chaleureusement. Je ressens un lien d'amitié avec elle.

Je suis peut-être venue ici pour Véronique. J'ai clarifié certaines fausses attentes, jeté un nouvel éclairage sur les contextes karmiques et je m'en suis libérés. Et que mon professeur spirituel et séducteur revoit quelques-unes de ses idées fixes et qu'il soit heureux jusqu'à la fin de ses jours.

Personne ne parle de l'avenir. Le temps après la séparation, au-delà de ma visite n'est pas inclus. Pas même « bon voyage ». Mais pas non plus « Nous resterons en contact » ou « On va s´écrire » ou « On se parle au téléphone » ou « Appelle-nous quand tu arrives » « Peut-être que tu reviendras » ou « Quand nous reverrons-nous? » Une visite sans avenir. Sans conséquence.

Maintenant, je suis heureuse d´être assise seule dans le train. J'ai hâte d´arriver en ville. Je suis contente de rentrer chez moi. Je vis ce moment comme une libération. Je ne sais toujours pas comment je vais continuer la relation avec Pierre-François.

Tout d'abord, je laisse les souvenirs et les sensations agir sur moi. Ensuite, je crée un espace pour écouter ma voix intérieure et aussi pour permettre les « coïncidences » et les signes et les observer. Pendant ce temps, j'oublie tout et je profite de ma liberté.

A Paris, je commande un café sur une terrasse. C´est un symbole de la grande ville pour moi, quelque chose de superflu dont on n´a pas besoin à la campagne. Pas vraiment en ville, non plus. Tous ces gens assis sur les terrasses de café n'ont-ils pas de café à la maison? Je m'offre enfin cette tasse de café symbolique. Je suis assise ici pour un bref moment, car le voyage ne fait que commencer.

Dans l'avion, je ne suis pas encore en mesure de me distancer des événements de la semaine, de les éloigner loin de moi. Je suis dans un environnement libre, mais les dernières impressions m'occupent. Les baisers d'adieu me hantent avec un arrière-goût très désagréable. Je pense à Marie, mais je n´ai aucune idée comment elle perçoit mon comportement: si elle se félicite de mon départ parce qu'elle a désormais Pierre-François pour elle toute seule? Est-elle horrifiée de la façon impulsive dont je suis partie sans faire mes adieux? Peut-être n'a-t-elle même pas enregistré les détails? Je souhaite bonne chance à Marie. Que son idéalisation de l'homme de ses rêves continue à être doucement bercée – jusqu'au jour où la bulle d'illusion éclatera.

Je suis extrêmement touchée par l'apparition inattendue de Véronique sur le quai. J'ai une réelle sympathie pour elle et je lui souhaite le soutien financier du bureau de l'emploi très bientôt. Je m'inquiète un peu des responsabilités qu'elle a prend en hébergeant le jeune schizophrène.

J'ai eu un bref aperçu de lui avant de monter dans la voiture. Son état semblait pire, encore plus aigu. Enfin, j'ai vu ses yeux confus et effrayés. Rien n'a été fait, pas même par un guérisseur spirituel ou par quelqu'un qui était censé le libérer de son état de possédé, comme voulait l'initier Pierre-François. Je considère que cette situation est préoccupante pour toutes les parties concernées.

Je me secoue comme un chien pour lâcher-prise de ces formes-pensées. Je dois réaliser que ce n'est pas mon histoire et abandonner ici les enchevêtrements karmiques étrangers. Tant de souffrances qui pourraient être soulagées! Ou pourrait être évitées simplement par l'observation logique, car il n'y a pas besoin de voyance ou d'expérience psychiatrique. Ce qui est évident, c'est que cela ne peut être que dangereux.

Pendant le vol, mes pensées se dirigent vers une collègue. Une thérapeute que j'apprécie pour son intelligence, son intégrité et sa fiabilité. Elle m'a raconté un incident avec un thérapeute qui lui a proposé de l'intégrer dans son équipe et de lui louer une salle de consultation. Ils avaient convenu de se rencontrer dans le cabinet pour discuter des conditions. Le moment venu, alors qu'elle s'apprêtait à quitter sa maison, elle reçoit un appel du collègue en question, qui avait entre-temps changé d'avis et qui l´ invite chez lui.

Et c'est ainsi que, Brigitte, se rend à son rendez-vous à l´adresse privée du thérapeute, qu'elle connaît professionnellement et plutôt superficiellement. Brigitte est une femme séduisante et sûre d'elle dans la quarantaine, elle a parcouru le monde, elle est très compétente et elle jouit d´une excellente réputation dans sa spécialité. Elle est également mariée et mère de deux enfants. Les deux thérapeutes parlent des horaires de location de la pièce et des coûts, comme il convient dans ce contexte. Lorsqu'ils ont discuté de tout et que Brigitte prend sa dernière gorgée de thé, elle constate un changement dans le comportement de son homologue. À l'improviste, il suggère qu'elle se déshabille et qu'ils se couchent tous les deux pour qu'il puisse ressentir ses énergies. Surprise et pensant qu'elle avait mal compris, elle sourit timidement et balbutie: « S'il vous plaît, je n'ai pas compris? » Le protagoniste répète hardiment l'instruction, qu'elle rejette fermement. Sur cette base, il n'y a aucune possibilité de coopération. Terrifiée et tremblante, elle quitte le logement de l'homme effronté. Ainsi qu´ avec une charge de colère. Comment classer un tel comportement? Se comporte-t-il également ainsi avec les clientes?

N'est-ce pas un empiètement des limites décentes? N'y a-t-il pas une base de confiance professionnelle indispensable à toute collaboration? N'est-ce pas transgresser l'espace personnel, briser les limites du respect fondamental auquel chacun a droit? Ma conclusion est qu'il s'agit d'une question de pouvoir généralisé, de pensée pathologique et de comportement violent, dont on doit parler ouvertement pour les combattre efficacement. Et également en se défendant psychologiquement et physiquement de façon appropriée. Ce qui doit être enseigné dès l'enfance. Malheureusement, beaucoup ont encore honte et essaient d´oblitérer l'événement dans la solitude du manque d'estime de soi et de haine auto-dirigée. Il est urgent de comprendre, d'écouter, d'encourager les autres femmes, la famille et enfin et surtout la gente masculine. Au lieu de plaisanteries humiliantes et de banalisation. Parce que des crimes tels que le viol et d'autres attaques violentes de ce type naissent tout d´abord dans l'esprit et dans les étapes préliminaires de l'irrespect. La lâcheté et l'hypocrisie résident dans le jeu de cache-cache, qui ne peut bien sûr pas être «prouvé» et qui, cependant, a lieu chaque jour. Et cela au 21e siècle. Il est grand temps de faire un énorme bond en avant dans ce domaine, car il n'y a aucun progrès malgré l´invasion de la technologie et du monde numérique. Avancé dans la matière, en retard dans la conscience: cela crée une réalité déformée comme dans ces miroirs, qui vous font parfois paraître gros, parfois petit, parfois mince, parfois très long. Nous pensons être beaucoup plus avancés que nous ne le sommes vraiment. Commençons par une base saine et qu´elle soit nettoyée en profondeur jusqu'aux vieux recoins délicats.

Ces déclarations s'appliquent bien sûr aussi aux hommes, dont la volonté et les limites inhérentes sont dépassées et non respectées, que ce soit par d'autres hommes ou par des femmes.

Encore une heure en train, puis je serai chez moi, dans mon monde. L'ambiance grise et légèrement pluvieuse ouvre la voie à des pensées errantes qui tourne encore autour de mon séjour en Normandie. Involontairement, elles reviennent sans cesse à l'un des nombreux voyages en voiture que j'ai fait avec Pierre-François. Sur le moment, je ne sais plus exactement de quoi il s'agit. Mais au moins, j'ai l'impression qu'il adorait alléger le temps de conduite par des conversations intrusives. Je continue de regarder le paysage plat et familier, qui n'est pas particulièrement beau, mais que j'apprécie chaque fois que je reviens d'un voyage. Soudain, je sens sa main sur mon genou gauche.

« Quoi! » Dis-je doucement mais consternée. J'avais complètement oublié cela! Je ne me souviens pas quand cela s'est produit, peut-être le troisième jour de mon séjour? Je n´arrive pas à le classer chronologiquement, car ce fut une semaine mouvementée. Imaginez! L'idiot se permet de faire cela sans mon consentement! »Je n'avais vraiment pas enregistré ce geste clairement. Maintenant que cela me revient à l'esprit, je suis à nouveau horrifiée, mais je dois découvrir que je suis devenu plus tolérante au fil des années.

Je me souviens d'un incident lorsque j'étais en Irlande à l'âge de dix-huit ans, en faisant de l'auto-stop. C'est exactement ce qu'un conducteur peu sûr de lui a fait, mettre sa main sur mon genou sans permission et sans invitation, ce qui m'a mise très en colère. J'ai demandé qu'il arrête immédiatement et me laisse sortir de la voiture. Ce qu'il a fait sur place. En un rien de temps, je suis là, complètement désorientée au milieu de la campagne. Aucune voiture ne passe, l'endroit est tout à fait isolé. Je me reproche d'être si frustrée: ce fut à nouveau une réaction super-impulsive de ma part, sans réfléchir aux conséquences. Maintenant, je n'arrive pas à sortir du coin. Il commence à pleuvoir. Et bientôt il fera nuit. La litanie désespérée m'énerve moi-même. Je me ressaisis et je me dirige dans la direction indiquée par mon intuition. Si, si, c'était la bonne réaction, exactement ce qu'il fallait faire! Se défendre immédiatement. Ne pas tolérer de bêtises! Sortir du pétrin. C'est la confirmation de ma voix intérieure.

Le contexte avec Pierre-François est franchement différent. J'agis très différemment, non plus comme à dix-huit ans, mais toujours très efficacement. Je voulais le gifler, ce qui n'est pas une bonne idée en conduisant. Nous ne voulons certainement pas faire des galipettes en voiture sur une route très fréquentée. Et par là, je ne veux pas dire «galipette dans le sens moderne français», mais je décris une action provocant un accident. Donc je choisi une autre méthode : je lui transmets ainsi le message par télépathie et énergétiquement. J'extrait toute l'énergie de ma jambe pour qu'elle ressemble à un morceau de matière morte, froide et sans vie. Je visualise l'aura de ma jambe et comme elle disparaît pratiquement. Selon la devise: il n'y a rien sous ta main, que du vide. Avec la peur dans les yeux, il me regarde de côté. Il ne connaît pas cette astuce. « Regarde sur la route et garde tes mains sur le volant quand tu conduis. », dis-je sarcastiquement. Maintenant que je suis dans le train pour rentrer chez moi, j´ai envie de rire à haute voix.

Comme je suis heureuse d'être de retour à la maison!

APRÈS LE SÉJOUR EN NORMANDIE

Mon père. Le viol de Véronique. L´être rayonnant. Enchevêtrements karmiques. Lâcher-prise. Dédicace du livre. Mes derniers adieux.

Pendant le reste de mon séjour en Normandie, je n'ai aucune nouvelle de mon père. Il est clair qu'aucune amélioration n'est à prévoir, mais son état de détérioration est maintenu par les soins de base. Mes sœurs lui rendent visite régulièrement et l´entourent de tout leur amour et des meilleures intentions. Je leur en suis infiniment reconnaissante. La démence de notre père s´étend sur plusieurs années et je lui souhaite de lâcher prise pour que la libération finale ait lieu bientôt. Je continue à le soutenir avec mon travail énergétique.

Ma relation à Pierre-François vient devoir prendre un autre tournant. Je vais prendre une décision et me positionner clairement face à lui. La distance géographique et émotionnelle me donne une pause bienvenue pour examiner la situation. Pour être honnête, la décision a déjà été prise.

Cependant, je voudrais discuter de certaines choses à fond. Je suis intéressée par les conclusions que notre ami a tirées de l'ensemble de la visite. Bien que je pense avoir vu à travers son paysage psychologique intérieur, plutôt simple, il serait juste de le confronter et de prendre en compte son point de vue. Peut-être que dans quelques mois, il y aura un échange quelque peu différencié et perspicace. Si ce n'est pas trop demander.

Je ressens une certaine obligation envers Véronique. Non seulement pour sa situation actuelle, mais aussi à cause des expériences graves de son passé et surtout parce qu'elle porte en elle le potentiel d'une guérisseuse. Elle a les qualités et les talents d'une thérapeute. Bien sûr, seulement lorsqu'elle aura surmonté ses difficultés actuelles et qu'elle aura fait les formations nécessaires. Elle a encore un long chemin à parcourir mais la disposition est là. Avant d'accomplir sa tâche que son âme lui dicte, elle doit passer par «la nuit sombre de l'âme ». Elle appartient aux personnes qui ont tendance à se développer sur le tard. Dans son aura, il est clair qu'elle a le potentiel de se guérir et de guérir les autres grâce à son pouvoir transformateur. J'aimerais l' accompagner sur son chemin, si elle le permet.

Il y a un événement concernant Véronique que j'ai occulté pendant mon séjour en Normandie. Le tout premier jour, son père m'a dit qu'elle avait été violée par son ex-mari, dans une entrée d´immeuble quelque part dans une ville voisine. J'ai immédiatement demandé: es-tu allé à la police avec elle? Avez-vous déposé une plainte? A-t-elle des preuves médicales? Ta fille a-t-elle reçu un soutien et des soins psychologiques? Pierre-François, dans sa position habituelle répond que « l'on » avait déjà fait face à la situation et que tout le monde par ici se connaît. « On ne veut pas causer de problèmes inutiles » et d'autres excuses boiteuses. Je suis consternée, car il existe des lois de nos jours. On peut s'attendre à ce que les policiers traitent les victimes sérieusement et qu'un soutien approprié soit offert par les services sociaux. Pierre-François étouffe tout d'une réponse évasive et résignée, invoquant la pauvreté financière et l'insuffisance générale des structures communautaires locales. Je conteste ces déclarations futiles immédiatement: il y a tellement de personnes dévouées qui travaillent dans ces professions et qui se battent sans relâche pour des changements thérapeutiques et juridiques. Même si l'objectif souhaité ou optimal n'est pas atteint, chaque viol doit être signalé à la police Et qu'en est-il des témoins dans ces villes, où tout le monde sait tout ce qui se passe? Personne n'a aidé, où sont les témoins? Sont-ils tous bloqué? J'ai du mal à garder mon calme. Mais Pierre-François prétend que Véronique va bien maintenant. Elle vit avec lui.

À ce stade, je pensais toujours que mon hôte était un guérisseur capable et qu'il avait donné à sa propre fille le meilleur de son art puissant. Le « non-expert » se cachait encore derrière ses attitudes convaincantes. A bas les masques et voyons ce qu'il y a derrière. Au début, des choses confuses font leurs apparitions: motivations, aspirations, blessures psychologiques, peurs, malentendus et autres facteurs qui façonnent et contrôlent les gens. Si nous les supprimons les unes après les autres en toute clarté et avec beaucoup de courage, l'être brillera dans sa splendeur éblouissante. L'essence derrière la personnalité, l'essence derrière l´aspect déformé. Je ne sais pas ce qui fait que Pierre-François se comporte ainsi. Je ne comprends pas encore toute l'étendue de ma rencontre avec ce professeur / séducteur / prêtre égyptien.

Je porte un message lumineux au plus profond de moi: l'éclat de l'être essentiel laisse déjà briller les coins les plus sombres de l'expression personnelle. Regarde-toi, comment accueille-tu le divin en toi, en ce moment présent ? Oui, ici dans ce selfie spontané de l'âme: un être lumineux sous forme humaine radiante cherche d'autres êtres étincelants et rayonnants! Ils ont oublié, ignoré et évincé leur lumière pendant des éons, depuis que les ténèbres se sont installées sur la terre. Ils ont enterré leur luminosité au plus profond du sein bienveillant de la Terre Mère. Enfouit si profondément qu'ils ne savent plus où se trouve le trésor! Et ils regardent au loin vers la prochaine planète pour creuser et explorer là aussi. Arrêtez! C´est la fausse piste! Revenez, revenez au point de départ, revenez à l'étincelle rayonnante au plus profond de l'être terrestre. Dans cette perspective, les miracles peuvent être reçus sous une forme multidimensionnelle et humaine dans l'ici et maintenant. Le divin, incarné dans son ignorance, s'éveille!

Ce n'est pas une rhétorique mystique aveugle, mais une invitation à chercher les cadeaux intérieurs et silencieux. Une invitation à l'exploration spéléologique des passages spirituels souterrains, saturés de cristaux étincelants et d'autres diamants précieux encore encastrés dans la roche mère. Il faut de bonnes chaussures, une lampe frontale et beaucoup de courage pour s'équiper. Oui, du courage spirituel et surtout: «N'oubliez pas d'allumer la lampe frontale! Tenez bon, car il y a un risque de glisser dans l'abîme. «Non, je demande: pas de glorification de l'abîme! Non, il y en assez dans la vie quotidienne, dans les médias, dans l'art. Est-il possible de ne pas balayer les choses sous le tapis, mais de les aborder courageusement et en même temps d'allumer la lampe frontale, le troisième œil de l'intention constante et pure sur la lumière vive et aveuglante? C'est mon aspiration, même si je me glisse involontairement dans l'illusion occasionnelle et que l'illusionniste émerge comme un esprit trompeur et d'une autre époque dans ma vie.

L'histoire de Véronique me poursuit et les raisons pour lesquelles je ne veux pas la laisser tomber sont les suivantes: son potentiel thérapeutique, sa souffrance et surtout la confiance qu'elle me fait. Même s'il n'y a pas d'accords futurs, je me sens reliée à elle depuis le début et en quelque sorte engagée envers elle.

Je n'ai de contact avec Véronique qu'au travers de Pierre-François. Après quelques semaines, je l'appelle et j'ai l'intention d'échanger quelques remarques sur le séjour, qui ont peut-être mûri et gagné en sagesse par la distance temporelle et spatiale. J'espère trouver une certaine compréhension et de réflexion. Mais je tombe sur la même coquille vide à l'autre bout du téléphone, comme d'habitude. Oui, oui blabla et plein de gros bisous. Non, merci! Non seulement il est difficile de cerner Pierre-François sur un sujet précis, mais il l'évite immédiatement avec un énigmatique: «Pourquoi donc? Tout va bien. Pas de problème, non, non » Une fois de plus, il est dans un ferme déni général. Il ne veut rien confronter. Silence, ne remets rien en question, continue comme avant. Non, mon cher. Dans ce cas, je renonce complètement à cette relation.

J'ai probablement été transférée, par le séducteur déçu, à la longue liste des femmes inadéquates: «Trop maigres, trop silencieuses, les galipettes uniquement sur le tapis de yoga. En plus, têtue, persistante, autoritaire et une vraie révolutionnaire. « Merci pour les compliments. Il a toujours sa femme de rêve, sur laquelle il peut projeter ses idéaux. La seule femme, à part sa mère, qui soit louable.

Voyons ce que Bella en dit de son point de vue astral. En fait, elle a trouvé son chemin dans les dimensions céleste. Cependant, elle est toujours impliquée dans les sentiments de culpabilité envers sa sœur. Lorsque je lui rends visite sur le plan astral, où elle se trouve actuellement, quelque chose d'étonnant se révèle. J'aperçois que ses actions dans cette vie contrebalancent les événements d'une incarnation précédente. J'entends par là ce qui suit: il y a de nombreuses vies dans le passé, la femme qui est la sœur de Bella dans cette vie, Fora ; était la maîtresse d'un célèbre comte, dont la femme est morte de désespoir et d'abandon. Bien sûr, Bella était la femme trahie à l'époque qui est décédée d'une maladie dégénérative qui a consumé ses forces en peu de temps. J´observe comment l'ancienne maîtresse du château s' affaiblie dans cette incarnation passée, alors que ses sentiments de haine et de vengeance l´engloutissent de leur intensité. Ce qui est dramatique, c'est qu'elle les emmène dans l'au-delà. Au terme de cette incarnation de comtesse trahie par sa sœur, elle a tout perdu: honneur, prestige, beauté et renommée, son affection fraternelle et l'amour éternel que le comte lui avait promis. Bien plus tard, quelques décennies dans notre ère, elle s'est incarnée à nouveau en tant que femme avec pour arrière-pensée de créer un équilibre. Bella est née dans le rôle de sœur de Flora. Les deux sont liées par un profond amour entre sœurs. À tel point qu'elles partagent presque tout ensemble, même lorsque Flora épouse Pierre-François. Bella s'implique de plus en plus dans les affaires de son beau-frère et son travail est tellement valorisé qu'elle s'installe, pour des raisons professionnelles, avec lui sur la Côte d'Azur pour un an. Comme il se doit, et jusqu'à ce que l'entreprise fonctionne correctement, tous les trois ont décidé, Pierre-François, sa femme Flora et sa sœur et respectivement belle-sœur Bella, de prendre cette décision en commun. Ils s'attendent à ce que l'entreprise réussisse très bien dans le sud. Si les finances sont bonnes, ils retourneront en Normandie et vivront heureux pour toujours. En fait, tout se déroule comme prévu au départ: la coopération est de bonne humeur et porte ses fruits et l'entreprise se développe rapidement. Le succès est étonnant, les revenus dépassent tout espoir. Comme convenu, le mari et la belle-sœur rentre régulièrement en Normandie pour rendre visite respectivement à l'épouse et à la sœur. Dans la vie des trois jeunes personnes, tous les souhaits semblent se réaliser. Le couple et la sœur sont entièrement satisfaits.

Mais l'être humain a de nombreux désirs: c'est dans sa nature de créateur. Peut-être aussi dans son aspect avide? En fait, le désir rapproche Pierre-François et Bella de plus en plus intimement. Initialement, les deux ont des inhibitions et prennent des considérations pour la femme et la sœur. Bella souffre particulièrement. Elle a longtemps résisté aux approches de Pierre-François, jusqu'à ce qu'il lui présente de plus en plus sa philosophie hédonistique: nous sommes là pour être heureux. Son histoire prend un drôle de tournant jusqu'à ce que l'envie et le temps pressant leur mettent la pression. Ils devront bientôt rentrer en Normandie. Dans six mois ou même plus tôt, car l'entreprise fonctionne si bien qu'elle est implantée avec succès dans le sud. En fait il est temps de la gérer depuis chez eux dans le nord. « Mais c'est tellement beau ici, peut-être que nous resterons un peu plus longtemps... » La dernière résistance morale de Bella est vaincue par la magie d'amour de Pierre-François.

« Bella, peux-tu confirmer cela avec certitude? C'est une déclaration très sérieuse, avec de graves conséquences! Es-tu sûre et certaine qu'il a utilisé ses connaissances à des fins manipulatrices et égoïstes pour te prendre comme amante? » Je demande avec une certaine sévérité. « Pour ta part, tu as apporté tes tares karmiques, elles ont aussi leur poids. Tu ne dois pas négliger cela ».

« Il me l'a dit et il l'a mis en œuvre immédiatement. Je ne le croyais pas, mais j'ai ressenti une irrésistible attirance, alors que j'étais encore très incertaine si je voulais vraiment devenir sa maîtresse. »

« Quelles sont tes observations exactes? » Je la questionne de façon insistante.

« Je n'avais plus ma propre volonté. C'était comme si mon esprit n'avais plus aucun pouvoir. La compassion pour ma sœur avait également disparu. Avant cela, je prenais son bien-être en considération. Puis je suis devenue de plus en plus indifférent envers elle. Je ne pensais pas aux conséquences de mes actes, en particulier à la douleur qu'elle ressentirait si elle découvrait la relation entre son mari et moi. Je ne pensais qu'à moi, qu'à nous, qu'à notre bonheur sans fin, porté par une abondance matérielle inattendue. »

« Combien de temps a duré cette phase? » Je demande à Bella avant que mes pouvoirs ne diminuent lentement. Ce type de communication coûte beaucoup d'énergie aux deux parties.

« Finalement, nous sommes restés sur la Côte d'Azur pendant deux ans jusqu'à notre retour en Normandie. Il était alors clair pour tout le monde que nous étions un couple inséparable. Et puis ce fût l'enfer: d'abord avec ma sœur et le divorce entre les deux, puis peu après que le calme soit rétabli, j'ai progressivement développé des symptômes étranges qui m'ont consumée en trois ans. Le prix de cet amour était si élevé que je ne lâcherai jamais Pierre-François. C'est mon seul véritable amour, pour toujours et à jamais, il m'appartient et à moi seule. Je suis son seul véritable amour. »

La présence de Bella disparaît. J'entends à peine les derniers mots. Après une telle communication, je me sens confuse et hébétée et je ressens une pression dans la tête typique. Je dois bouger, aérer, respirer profondément, en un mot bouger comme il faut.

Un amour romantique, pensez-vous, qui dépasse l'espace et le temps? Non, les motifs sont égoïstes et sont basés sur la vengeance et les revendications de propriété et de priorité. Le besoin de rétablir l'équilibre et la mémoire inconsciente de l'incarnation précédente de Bella ainsi que la magie manipulatrice de la boîte à astuces de Pierre-François se mêlent dangereusement. Même si je tente d'en faire un récit assez neutre, je ne veux aucunement banaliser l'affaire.

Au contraire, tout acte qui viole les règles de l'éthique et porte atteinte au libre-arbitre d'autrui porte des conséquences karmiques. Celles-ci demandent une compensation et non pas, je le souligne, une punition. Le contrepoids correspond à la propriété fondamentale de la nature, celle de toujours rétablir l'équilibre des énergies, soit parmi les événements soit dans cellules du corps.

Et si vous pensez que Bella est morte d'une maladie incurable parce qu'elle est devenue l'amante de son beau-frère, vous pourriez envisager une autre raison. Car la cause majeure de sa maladie est liée à ses sentiments de culpabilité et aux remords tenaces qu´elle nourrit envers sa sœur. L'influence magique de Pierre-François par l´action conduite à l´encontre de sa volonté l'a conduite dans un dilemme où aucune des deux options — refuser l´attraction amoureuse et blesser sa sœur — ne sont acceptables pour son sens moral. Elle est donc confrontée à cette situation désespérée. Elle a graduellement succombé au dilemme fatidique, à l´écartèlement manifestés au travers de sa maladie lymphatique.

Ai-je gâché votre goût pour des histoires d'amour? La mystique démystifiante révèle des enchevêtrements inattendus. Bien sûr, il y a l'amour, le véritable amour, qui relie les âmes les unes aux autres en toute liberté. Ce qui est tout autre chose que les attachements auxquels nos protagonistes ne peuvent échapper au travers des incarnations. L'amour pur est vécu d'une manière complètement différente: il n´emprisonne personne dans des rôles figés. Surtout, il n´exige pas de vengeance.

La relation entre Bella et Pierre-François est différente. Son attachement compulsif ne la libérera pas. De son vivant et lors des prochaines rencontres karmiques, la tâche consiste à lâcher prise par l´équilibre des actions et des traits possessifs de Bella. Ainsi dans cette vie, elle entrave le destin de Pierre-François, qui n'est plus en mesure d'établir une relation amoureuse.

Cette connaissance me saisit le cœur. Avec l'aide de mon Moi Supérieur, j'aurais la capacité de libérer ce lourd karma. Je me demande si je devrais informer Pierre-François de cette possibilité par téléphone. Parallèlement, je travaillerais avec Bella énergétiquement et par télépathie. Cependant, le consentement des deux est essentiel. Le résultat d'une telle libération de l'âme libérerait les deux partenaires. Après ce travail, la relation ne serait plus chargée, même si les souvenirs stockés dans les corps subtiles donneraient un « goût » familier à la connexion, car rien n'est oublié. Néanmoins, les deux âmes auraient la possibilité de mener une relation de couple libre. Elles auraient également le choix de découvrir toute autre variation de connexion complémentaire, créative et épanouissante.

Toutes les bonnes actions et intentions bienveillantes restent stockées dans les couches les plus profondes de l'âme et des cellules. C'est ce qui caractérise le karma positif. Son amour porte les graines de l'intimité et de l'affection qui caractérisent sa relation.

Le lien entre Bella et Pierre-François porte de graves conséquences, pour chacun y compris pour la sœur et l'épouse divorcée et pour les descendants. Bien sûr, il serait plus facile pour moi de travailler énergiquement avec Bella dans l'au-delà que par téléphone avec Pierre-François. Lorsque j'essaie de mettre en place un modèle pratique et éthique, je me sens soudain mal à l´aise et l'image d'un visage féminin déformé fait apparition et me crie des propos vindicatifs. Et en même temps je remarque un homme qui me sourit ironiquement et avec malveillance. Sous le choc, je reconnais immédiatement Pierre-François. Je sais exactement qui est la femme qui ne veut pas que j´entreprenne quoique ce soit! Sans aucun doute, les deux ne sont autres que «mes amis» normands! Je comprends tout de suite le message: mon ingérence n'est définitivement pas souhaitée. Je dois abandonner cette intention et laisser Pierre-François et Bella suivre leur propre rythme. Ce n'est plus mon affaire, je dois m'abstenir de vouloir équilibrer leur chemin karmique. Le progrès de Bella dans la lumière est déjà un résultat positif. Rien d´autre n´est nécessaire pour le moment. Au contraire, cela aurait des conséquences fatales.

Maintenant, je vais me décontracter et lâcher prise. Je remercie cette famille du fond du cœur, je les enveloppe d'un amour universel et leur envoie les meilleurs vœux pour leurs prochaines rencontres karmiques - bien sûr par télépathie.

Ce n'est pas facile pour moi de faire mes adieux à Véronique.

Avec mes remerciements, je dédie ce livre à Véronique ainsi qu´ à toutes les femmes qui connaissent les humiliations, les blessures et autres abus de pouvoir sur leur chemin de vie. Je leur souhaite de donner naissance, grâce à leur pouvoir de guérison, à la transformation libératrice qui engendre un monde nouveau et compatissant doté d´une profonde compréhension de l´être, du monde et des relations cosmiques.

Le 9 octobre 2018, mon cher père bien-aimé quitte le plan terrestre et conclut ainsi l´incarnation présente. La gratitude est la seule vraie reconnaissance qui scintille des cendres qui refroidissent lentement.

La déformation temporelle cache des miracles lumineux et laisse briller l'avenir dans un développement de la conscience concentré et sans compromis.

Les références

Aurélienne Dauguet

NOURRITURE LUMINEUSE

MA NOUVELLE VIE AVEC LE PRANISME

Publié en français, en allemand et en anglais.

Ceci est le récit du processus de conversion à la nourriture pranique effectuée par l'auteur. Elle nous confie comment elle a réussi à passer d'une alimentation « normale » à une alimentation photonique. Nous l´ accompagnons dans cette transformation vers la nourriture de lumière ainsi que durant la première année.

Cette description est authentique, terre à terre, claire et simple.

Le but de sa contribution est de rendre la compréhension et l'accès intellectuel à la nourriture pranique plus faciles et plus réalistes.

Elle n´ encourage personne à l´imiter. De toute évidence, ce processus répond une transmutation purement interne, un appel de l'âme. Il n'y a rien à prouver et il n´y a personne à convaincre.

Pour l'auteure, la décision de se nourrir de prana a été l'une des plus importantes de sa vie. Elle inclut la liberté d'arrêter ou de continuer à se nourrir de photons à chaque moment.

Édition française :

NOURRITURE LUMINEUSE

MA NOUVELLE VIE AVEC LE PRANISME

ISBN: 978-3-944700-07-6 (livre de poche)

ISBN: 978-3-944700-67-0 (livre électronique)

Édition anglaise :

LIGHT-NUTRITION

MY NEW LIFE AS A BREATHARIAN

ISBN: 978-3-944700-18-2 (livre de poche)

ISBN: 978-3-944700-28-1 (livre électronique)

Édition allemande :

Mein neues Leben mit der Lichtnahrung

ISBN 978-3-96240-554-0 (livre de poche)

ISBN 978-3-96240-555-7 (relié)

ISBN 978-3-96240-556-4 (livre électronique)

Aurélienne Dauguet

Reiseführer zu deinen kosmischen Energien -

Aura Entdeckung

(Le guide de vos énergies cosmiques)

(Découverte de l'aura)

Uniquement publié en langue allemande.

ISBN 978-3-944700-02-1 (livre de poche)

ISBN 978-3-944700-12-0 (livre électronique)

Aurélienne Dauguet

AURATHERAPIE

für ÄRZTE, THERAPEUTEN

und interessierte LAIEN

(AURATHERAPIE)

(pour MÉDECINS, THÉRAPEUTES

et les laïcs intéressés)

Uniquement publié en langue allemande.

ISBN 978-3-96051-055-0 (livre de poche)

ISBN 978-3-96051-056-7 (relié)

ISBN 978-3-96051-057-4 (livre électronique)

Aurélienne Dauguet

EIN NEUES SELBSTBILD ERSCHAFFEN

(CRÉER UNE NOUVELLE IMAGE DE SOI)

Jusqu'à présent, uniquement publié en langue allemande.

ISBN 978-3-944700-14-4 (livre de poche)

ISBN 978-3-944700-44-1 (livre électronique)

À propos de l'auteure

Aurélienne Dauguet (née à Paris en 1953) possède une perception subtile prononcée depuis sa jeunesse. Travaillant initialement comme infirmière aussi en psychiatrie, elle est maintenant maître de conférences dans les écoles Paracelsus – la plus grande école de naturopathie – en Allemagne et en Suisse pour l'aurathérapie, la radionique sans appareil, le processus de la mort dans une perspective holistique, la guérison spirituelle et les soins par les mains, etc.

L'offre pédagogique actuelle est disponible dans les écoles Paracelsus ou à la demande auprès de l'auteure.

Formation continue: lithothérapie, travail d'aura, aromathérapie, radiesthésie d'essence de fleur et de gemme, radionique subtile (sans appareil), « Radionic Practitioner » selon la « British Radionic Association » et avec David Tansley, formation au système de chromothérapie Aura Soma® avec Vicky Wall. Aurélienne Dauguet fait partie des premières enseignantes en Aura Soma.

Les activités d'enseignement et de séminaire sur le thème de l'aura ont lieu dans toute l'Europe.

Depuis environ 30 ans, elle propose la lecture et le nettoyage de l'aura, des conseils, des séances individuelles, des cours individuels et un support à distance en allemand, anglais et français en personne et par téléphone.

Si vous êtes intéressé, voir ses coordonnées.

Contact:

Aurélienne Dauguet

Tel: 0049-(0)175 94 21 791 (Veuillez uniquement par SMS)

aureliennedauguet@gmx.de